外遇的理由

龜山早苗——著
謝敏怡——譯

人はなぜ不倫をするのか

沐風文化

目次

目次

前言

二〇一六年從某位女藝人的「外遇」話題揭開序幕（註）。緊接著，從演藝界到政治家，「外遇」話題輪番上陣。雖說名人的男女關係是一般大眾的縮影，但我以「市井小民」的外遇為題材採訪了十七年，名人外遇還不曾像今年這樣廣泛成為大眾茶餘飯後的話題。

市井小民們的外遇當然沒有減少，我反而覺得已婚者間的外遇有增加的趨勢。跟過去相比，外遇的當事人不再懷抱那麼重的罪惡感。輕視婚姻絕對不可取，但是「結婚跟戀愛是兩碼子事」的想法也確實滲透至女性之間。行動電話跟智慧型手機等工具助外遇一臂之力，提供人們方便外遇的環境。

註：一月，《週刊文春》報導女藝人貝琪與「極品下流少女」樂團已婚主唱川谷繪音大搞婚外情，引起輿論軒然大波。繼之暢銷作家乙武洋匡、漫畫家浦澤直樹、音樂人、搞笑藝人、運動選手、主播等名人皆先後遭八卦雜誌揭露婚外情，成為大眾茶餘飯後的話題。

人愈來愈長壽，四、五十歲的世代在年輕時所奉行的「戀愛至上主義」或許也推了外遇風潮一把。近來，斷言「一夫一妻制本來就行不通」的人亦為數不少。結婚之後無法自由地跟人談戀愛，如此不自由實在太奇怪；一輩子永遠被某個人綁住的生活真的好嗎？這些聲音我都聽過。即便在婚姻制度裡，人心任誰也束縛不了。

但是……人究竟為什麼外遇呢？

對於外遇，我個人既不肯定也不否定，外遇的事實就明擺在那裡，我只是讓當事人暢所欲言而已。如果外遇如此「橫行於世」的話，應該要試著思考一下它背後的理由。

既然如此，我想要從各個角度，向學者專家們討教一下「人為什麼外遇」。人類也是動物，因此一定要跟動物學者討教；操縱人心的是大腦，因此也要詢問腦科學家；搞不好外遇是「外遇基因」所導致的也說不定，因此也要請教行為遺傳學者。順著這樣的思路，我在這本書中，從生物學跟社會學的觀點，請教了八位學者專家。他們每一位都爽快地答應採訪，提供了他們專業的意見，由衷感謝每位專家。

本書的排版方式如下圖所示，在每個專家的談話之間，以黑體字表達我的想法與採訪至今的感想。

我個人意見以不干擾各個專家們的談話內容方式穿插其間。此外，生物學意義的人記作「人類」，一般意義的人記作「人」，分開標記。希望這樣的方式方便各位閱讀。

龜山早苗　2016年7月

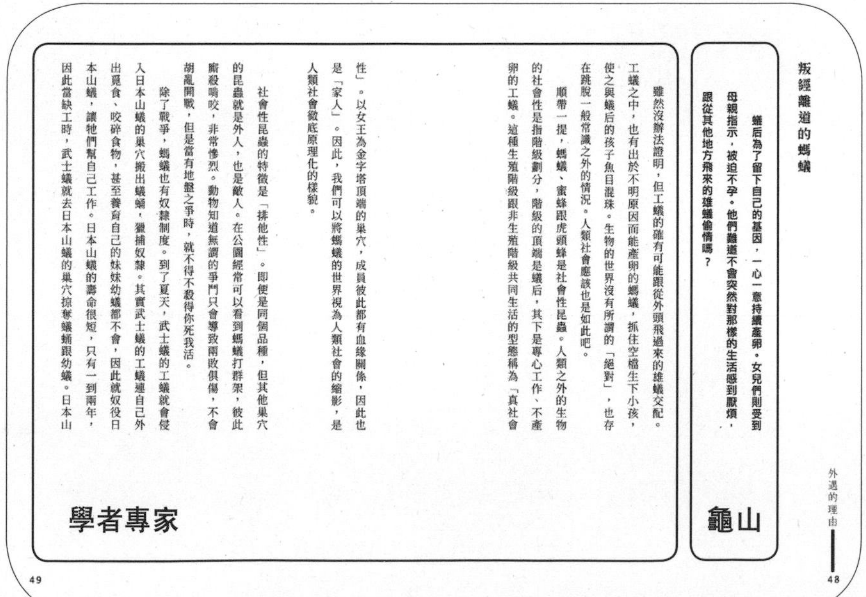

外遇的理由
48
叛經離道的螞蟻
蟻后為了留下自己的基因，一心一意持續產卵。女兒們則受到母親指示，被迫不孕。他們難道不會突然對那樣的生活感到厭煩，跟從其他地方飛來的雄蟻偷情嗎？
龜山
雖然沒辦法證明，但工蟻的確有可能跟從外頭飛過來的雄蟻交配。工蟻之中，也有出於不明原因而能產卵的螞蟻，抓住空檔生下小孩，使之與蟻后的孩子魚目混珠。生物的世界沒有所謂的「絕對」，也存在跳脫一般常識之外的情況。人類社會應該也是如此吧。
順帶一提，螞蟻、蜜蜂跟虎頭蜂是社會性昆蟲。人類之外的生物的社會性是指階級劃分，階級的頂端是蟻后，其下是專心工作、不產卵的工蟻。這種生殖階級跟非生殖階級共同生活的型態稱為「真社會性」。以女王為金字塔頂端的巢穴，成員彼此都有血緣關係，因此也是「家人」。因此，我們可以將螞蟻的世界視為人類社會的縮影，是人類社會徹底原理化的樣貌。
社會性昆蟲的特徵是「排他性」。即使是同個品種，但其他巢穴的昆蟲就是外人，也是敵人。在公園經常可以看到螞蟻打群架，彼此廝殺啃咬，非常慘烈。動物知道無謂的爭鬥只會導致兩敗俱傷，不會胡亂開戰，但是當有地盤之爭時，就不得不殺得你死我活。
除了戰爭，螞蟻也有奴隸制度。到了夏天，武士蟻的工蟻就會侵入日本山蟻的巢穴搬出蟻蛹，獵捕奴隸。其實武士蟻的工蟻連自己外出覓食、咬碎食物，甚至養育自己的妹妹幼蟻都不會，因此就奴役日本山蟻，讓牠們幫自己工作。日本山蟻的壽命很短，只有一到兩年，因此當缺工時，武士蟻就去日本山蟻的巢穴掠奪蟻蛹跟幼蟻。日本山
學者專家
49

第一章

人為何不會外遇？

人はなぜ不倫をしないのか

從性別研究的觀點來思考外遇

上野千鶴子（社會學者）

1948年出生於日本富山縣。立命館大學特聘教授。京都大學研究所社會學博士。1995年至2011年3月任職東京大學人文社會學系研究所教授。2011年4月起任職NPO法人女人行動網絡（Women's action network）的理事長。研究領域為婦女研究、性別學，為此領域的先驅者，意見領袖的其中一人，另外也關注老人照護問題。1994年以《近代家庭的形成與終結》（岩波書店）一書榮獲三得利學藝獎。2012年榮獲朝日獎。著作包括：《為老後做準備》（學陽書房）、《女性主義40不惑》（岩波現代新書）、《照護社會學》（太田出版）、《國族主義與性別》（岩波現代文庫）、《大家都是「一個人」》（青燈社）、《日本改變，女人就有機會改變》（中央公論新社）、《上野千鶴子的憲政論》（集英社新書）等多部。近期出版著作有《你在害怕什麼》（岩波書店，合著）、《老得高明》（WAVE出版，合著）、《照護的領袖們》（亞紀書房）、《一個人的臨終》（朝日新聞出版）、《將思想化為行動》《將性化為言語》（皆由青土社出版）、《上野千鶴子的求生語錄》（文藝春秋）。

不結婚就不會外遇

假設有人問我是否曾跟已婚者談戀愛，我的回答是：「我從來不會把戀愛對象區分為已婚或未婚。」如果追問我「那豈不是外遇嗎？」我會說，那是已婚者對方的問題，別來問我。

——當我跟已婚者談戀愛被媒體堵到時，我準備這樣回答，但不知道是幸還是不幸，還沒有人來採訪過我（笑）。

社會學者上野千鶴子在訪談開頭如此笑著說道。

我向上野提出這次的訪談申請時，她先是這樣回答我：

「人不外遇反而不可思議。退回前一個階段，人為什麼會訂下結婚這種無法履行的誓約，更是不可思議。」

此話真妙。不結婚，外遇就不成立。上野反而覺得人會訂下結婚（一輩子只愛一個人，不移情別戀）的誓約比較不可思議。這讓我對她愈來愈感興趣。

上野的專業領域是婦女研究、性別研究等，也作為馬克思女性主義的第一人而廣為人知。女性主義是主張消弭性別歧視、爭取被壓抑的女性權利、解放女性的思想與運動的總稱。

我成長於雙親感情不睦的家庭。孩提時代，父親會說：「我們來享受天倫之樂吧，小千，今天學校有什麼有趣的事嗎？」真讓人不舒服耶，為什麼我非得跟你說我在學校發生什麼事情啊（笑）？

身為母親，不是都會想要拉攏女兒，作為自己的夥伴嗎？所以我小時候常覺得媽媽好可憐。母親曾說：「我想要離婚，但因為有你們所以做不到。」那是日本母親們很普遍常見的困擾，不是嗎？

我是團塊世代（註1），在京都大學求學時發生了校園鬥爭。我耳聞目睹到，那些以為是我方同志的男性們，都把女性當成發洩性欲的對象。

那時的女性主義者大肆鼓吹：「一夫一妻制是萬惡根源」、「粉碎家庭帝國主義！」我很愚直地貫徹了那些主張，但最後周遭每個人都結婚了。我們這個世代的結婚率非常高喔。大家不是上街頭抗議就是上床做愛，因為避孕觀念很差，得知懷孕後就結婚。也有前社運鬥士請指導老師當婚禮的媒人。雖然會讓人覺得，你們過去大聲主張的主義到底算什麼？但是，每個人都有他的苦衷吧（笑）。

那個時候也沒有事實婚（註2）這個名詞。雖然當時流行過同居，但會被說是姘居。結果，風潮沒持續多久，一陣子就消退了，大家都

註1：日本戰後嬰兒潮世代。

註2：指沒有法定婚姻關係，卻在事實上維持著婚姻狀態。

爭先恐後去結婚。從鄉下來到都市的學生們即使同居，畢業之後大多也都分手了。

我也跟男人同居過。剛好那時候弟弟要結婚，我是個很強勢的姊姊，就先把他叫出來，訓示一番：「如果對方說什麼『你的姊姊好輕浮』之類的話，那種婚就不要結了！」那個年代如果沒結婚就跟男人住一起，就會被說「輕浮」。

女人應該要保持處女之身踏上紅毯結婚，初夜、婚前性行為等詞彙，現在幾乎成為死語。社會在這四十年間確實有變化，然而，兩性關係中保守的部分依舊沒變。

外遇曾是男人的價值所在

女性主義並非鐵板一塊、一成不變的喔。沒有所謂正統的女性主義，因為女性主義並非意識形態，有的只是「我的女性主義」而已。

歷史上定義，日本第一波的女性主義，發生在二十世紀初期平塚雷鳥（註1）的時代，第二波則是在一九七〇年代女性解放（Women's Liberation）運動之後。

媒體對女性解放運動大肆嘲諷、抨擊，說她們是一群歇斯底里的醜女。舉中P連（註2）為例子應該很容易理解。但那個時候剛好優生保健法要修法，嚴格限縮墮胎的條件，限制女性墮胎的權利，中P連成功擋下法案，有很大功勞。

世界各地也大多認為女性解放運動很激進。因此女性主義後進者說話之前都要先聲明：「我並不是女解。」若非女性運動的先驅者，

註1：活躍於日本大正、昭和時期的女性解放運動家，創辦《青鞜》雜誌。

註2：此組織略稱從日文墮胎「妊娠中絕」跟避孕藥「pill」而來。

很難說出「我認同女解」這種話。

我個人對一九七〇年代初期的「中P連」非常有興趣。「中P連」是「反對禁止墮胎法案、要求開放避孕藥之女性解放聯盟」的略稱。中P連的活動期間剛好跟美國的女性解放運動風起雲湧的時期重疊，只要提到日本的女性解放運動，就馬上聯想到中P連的人應該很多。

中P連建立了基層組織「不要讓女人暗自流淚之會」，受理妻子的投訴，闖進偷吃丈夫的公司，集體前往歧視女性團體的所在地進行示威。戴著粉紅色的安全帽，行動豪爽的女性們，對當時還是十多歲的我而言相當光輝耀眼。

母親看著電視上她們的身影，說道：「這些人真有趣耶。」彷彿是昨天的事情。

我年輕的時候，有句話是這樣說的：「偷吃是男人的價值所在。」對男人而言，有小老婆、小三表示他很有能力。相對的，男人買房、照料外遇對象的生活也被視為理所當然。

那種情況在八〇年代開始改變了，男人即使沒有能力購買獨棟樓房，也可以大搞外遇。「小三銀行」（註）可以說是援助交際的前身。從女性的角度來看，那是種求生技能。

說到最近的例子，木嶋佳苗事件也是如此。成為犧牲者的男性都是婚姻市場上缺乏競爭力的失敗者。木嶋知道比起性，無微不至的照顧更是婚姻的核心，她鎖定的就是對此感到不安的男性。如果沒有結婚這個約定的話，那些男人應該也不至於會被殺掉吧。

經濟能力跟女性的生活方式果然還是無法切割。即便是現在，妻子很多時候都還是必須取得丈夫的首肯才得以行動，不是嗎？但是有

註：原文為「愛人バンク」，興起於一九八〇年代，媒合想要養小三的男性與想要靠著當小三賺錢的女性來營利的業者。

經濟能力的女人可以自由地、按照自己的判斷行動，也有離婚的自由。經濟能力露骨地表現在生活方式上頭。

女人為何無法享受性愛？

我曾經跟某位七十多歲的女性聊天，她說：「我以處女之身結婚，這輩子只跟一個男人睡過。」那個年代的女性會在人前談論這樣的事情是很罕見的。我問她：「婚前守貞是出於妳自己的意願嗎？還是有人教你這樣做的呢？」她回說：「是有人教我的。」

護理師大工原秀子在七〇年代所出版的《老年的性》一書當中寫到：「半數以上的老年女性未曾體驗過性高潮，覺得跟丈夫的性愛是痛苦的例行公事，只想早點結束。」這種情況到現在應該也沒什麼改變吧。日本的妻子們都是這樣活過來的。

性行為的門檻降低，但兩性關係的品質仍未改善，那應該是因為女性沒有好好說出自己的想法吧。有份調查以大東京地區、關西、東北的十多歲女性為對象，詢問她們是否會要求男伴使用保險套。東北女性回答「會」的比例壓倒性地低。她們當然都知道有保險套這個東西，但卻無法開口要求對方戴。可能是不想被認為自己很會玩，又或者是不想被男伴討厭吧。

女性主義其中一個議題就是「女性的自我貶低」。女性希望被男性認可，因而不敢說出自己的想法。

為什麼會自我貶低呢？這當然跟在家庭環境父母對待的方式有關，但更重要的是沒有獨立的經濟能力。女人無法有尊嚴地餵飽自己。我認為這是現代社會的萬惡根源。即使不情願也只能以非典型僱傭的身分工作的女性應該很多吧？無論再怎麼努力也無法成為正式員工。

而且，現代女性必須同時兼顧家庭跟事業。工作能力好不夠，還必須像個女生，談戀愛、結婚，然後生小孩。她們背負著雙重壓力。

再者，大家都認為只要女性多忍耐，婚姻就會美滿、家庭就會和諧，連女性自己也這麼想。已婚在某種意義上是擁有社會地位，因此，即便忍得很痛苦，也不願意放手。我認為，即使丈夫搞了外遇，女人也不願離婚，那不只是對丈夫的懲罰，也是因為女人自己不想放棄已婚的身分。再加上，有很多女性離婚之後無法獨立生活。

離婚之後領取到贍養費的單親媽媽不到兩成。即便雙方達成協議，賴皮不付或付不出來的男性也很多。這種問題明明只要建立強制徵收贍養費的制度就可以解決，政府卻沒有意願去做。

我認識一位這樣的女性。

因為丈夫的婚外情徹底瓦解了彼此的信賴關係，愛已不復存在了。然而，一旦離婚，經濟會產生困難。因此，她到外頭兼差，勤懇地存錢，後來總算買了一棟房子，雖然不大，也離成了婚。所以說，真的有心的話也是可以做得到的呀。

很多男人雖然自己搞婚外情，但卻不想要解除婚姻關係。因為男人如果讓太太跑掉，老了之後會很困擾。有很多太太想在先生需要照護的時候報復他。

我也有同樣的想法。我訪談過的女性，很多人都對丈夫談過婚外情懷恨在心。有人說：「我會好好記著我對丈夫偷吃的恨，然後在他老後需要人照顧的時候報復。」實際上，當男性進入需要照護的時期，真的有妻子會虐待丈夫。

每天懷恨的日子過起來很痛苦。雖然解放自己的確是比較好，但就像上野所說的，很多女性「因為經濟因素無法離婚」。

女人何苦為難女人

「外遇」這件事，如果沒有「結婚」的概念存在的話就不會成立。而且，結婚這件事意味著，一輩子只跟一個人發生性關係，不是嗎？所以，我將結婚定義為：「將自己身體一輩子的性使用權，讓渡給一位特定異性」。為什麼人會承諾這種做不到的約定呢？我真的覺得很不可思議。而且，為什麼性關係的對象只能有一個人呢？我覺得莫名其妙。

《Wife》雜誌在九〇年代初實施的一份問卷調查結果相當有趣。已婚女性曾經有外遇經驗的佔全體六分之一。而且，現在有外遇關係的女性三人當中有一人「跟丈夫也可以做愛」；三人當中有一人「本來就沒有在跟丈夫做愛」；然後剩下的則是「無法跟丈夫做愛」。即便是女性，也有人可以同時跟數個男性發展性關係。

現在已婚女性的婚外情也很多。但真的擁有良好關係的人又有多少呢？男人是愛面子而且利己的動物，為了把女人騙到手，什麼話都說得出來。我曾經跟那樣的男性聊過，也就是類似搭訕大師的人物。據他所言，不被丈夫當作是女人，或者是沒有男性友人的女性最好騙。搭訕的地點聽說是以百貨公司的地下賣場居多。

完全沒有任何感情基礎，只限於當下的性愛，是多麼內心貧瘠的大人啊，真讓人覺得哀傷。

女人非難女人的外遇，應該是出於羨慕吧。她們可能覺得我這麼忍耐，妳竟然能這麼自由地跟男人發生性關係。不過，女人卻會支持閨蜜的外遇戀情。站在不同的立場，對外遇的看法會有所改變，這真的很有趣。

結婚也跟擁有性關係的管理權有關。

我個人很受不了管理他人，或是擁有他人這種想法。我不想被他人擁有或被管理，因此我也不會對他人做出這種事情。到底人們為什麼要刻意製造出相互束縛的關係呢？我覺得男女之間，即使斤斤計較權利跟義務，也不會有任何保障。

聽說很多妻子會看丈夫的手機，她們覺得自己有權侵入對方隱私，那真是太不可思議了。

我總是講這些話，所以學生都不會邀我去參加他們的婚禮（笑），雖然都會知會我一聲就是了。當他們來通知喜訊時，我會說：「能夠遇到願意讓對方進入自己生命的人，並走入對方生命當中，是件很幸福的事。」雖然說得有點迂迴，但充滿我的祝福。

我認為無論是戀愛、結婚跟生小孩，有經歷過都會比沒有更能豐富人生。而既然都要經歷這些，男女之間應該要好好面對彼此才是。但大家似乎並沒有做到。

育兒期間的女性如果跟丈夫關係處得不好時會發牢騷，滿腹怨言但對丈夫卻說不出口。

大家可能會覺得，若是菁英女性，應該不會有經濟問題，可以輕易離婚吧，但其實也不一定。我那些東大學生在求職時，根本不會考量企業是否提供友善育兒的職場環境。然後，找對象的時候盡挑菁英。所以當小孩生出來之後，也開不了口要求先生一起帶小孩。或許應該說，她們打從心底根本就不希望菁英的先生跟育兒扯上關係。

男人不可能自己改變。不說清楚他們就不會懂，所以只要跟對方說清楚，建構同心協力的家庭體制就可以解決問題。但若是女性不期待丈夫成為育兒戰力的話，那就束手無策了。夫妻雙方都覺得，男性菁英不該碰育兒這種事吧。結果，女人自己承擔所有苦勞，最後被壓垮。碰到這種遭遇的人時，我跟她說：「在你最辛苦的時候，他都不願意伸出援手了，你還願意下半輩子都跟這種男人一起生活嗎？在看清這個人的真面目之後，你還能張開雙腿跟他做愛嗎？」對方聽了就嘩啦嘩啦哭了起來。我可不是在欺負人喔，但是女人只會忍耐的話，什麼都不會改變的。

說不定早在彼此談戀愛的階段，就無法坦誠相對。女人搞不好只是因為對方說了「我喜歡你」、「我愛你」就暈船，被自我中心的男人耍得團團轉而已。

我認為「愛」就是被人珍惜。抱著孩子餵奶的妻子多麼辛苦，丈夫卻不懂要主動幫忙，這就是沒去好好珍惜。

「丈夫是長男」，真的嗎？

我覺得，在現在的日本，男女之間應該沒有面對彼此、沒有彼此依偎，而是時常背對著對方。現在是空前絕後的「背對彼此的年代」吧。不，很多女性想好好面對對方，但男性似乎不想面對。

表面上，男性對女性的要求，從數十年前開始都沒有改變，男人希望女性溫柔、接受他所有的一切。到頭來，男人追求的應該是「媽媽」吧。

禰寢正一曾寫過一本以老年照護為主題的小說：《被失智症的母親吻了》。禰寢的母親罹患失智症，住在照顧機構，身為長男的他幾乎每天都到照顧機構報到。他抱著「為什麼每天都會去呢？」的疑問，但還是很勤奮地去看母親。他的弟弟也會到機構探望母親。有天禰寢突然發現到，原來「自己是在跟弟弟爭奪母親的愛。」即使六十多歲了，兒子依舊持續尋求著母親的愛。

反觀現今的女性，則是想要逃離母親沉重的愛：「拜託放過我吧」，這樣的聲音此起彼落。

「如果一輩子只能生一個小孩，想要生男還是生女？」這個調查的結果發現，在八〇年代之後，想要女兒的比例大過兒子。當時日本社會正逐漸走向少子化。在那之前，如果只能生一個的話，大家都想要生男生。生男生的話，育兒失敗是不被容許的，即便如此母親們還是想要生男丁。但如果是女兒，因為跟母親同性別，所以育兒上沒有責任很輕鬆。而且她們應該也是覺得老後的照顧，比起媳婦，女兒更能夠指望吧。

在那之後，高齡少子化的現象愈來愈顯著的同時，對女兒的期待與投資也隨之增加，女性苦難的日子就開始了。母親單方面地將自己的夢想跟理想強押在女兒身上。於是，女性也只能叫苦連天。

當然，也有兒子想要逃離母親沉重的愛，但兒子無法背叛母親。因此，比起女兒，我更擔心兒子。那樣的男人往後應該難以跟女性建構良好關係，很多會成為所謂的「媽寶」吧。

有位娶了法國媳婦的日本男性，他說太太經常叨唸他：「我不是你的老媽。」

夫妻之間變成母親跟兒子的關係可能讓男性比較有安全感吧。因為男女之間的關係是不穩定的。

日本的太太們常這麼說：「我家還有一個大兒子。」用這樣的說法說服自己，不將彼此視為男女關係，婚姻生活可能比較好維持吧。

但我也認識一位男性，夫妻之間維持著男女關係，而且他說他絕對不會出軌。因為他知道如果被發現，太太會馬上離開他，再也不會回來了。也是有這樣的夫妻呢。

「好朋友」的關係

上野說她不是很喜歡外遇這個詞。

她稱呼戀愛對象為「好朋友」。當然，好朋友不需要只限定一人。這種說法可能跟社會「只能跟一個人談戀愛、維持性關係」的概念持反論。

我年輕時也有點趾高氣昂，跟男人們談著「殺得你死我活」、絲毫不肯讓步的戀愛。然而，當我跟婦女研究與女性主義相遇之後，變得能夠接受自己，二十五歲之後跟男人的關係逐漸穩定。

我絕對不是厭男。我認為男性是可愛的生物，也有令人尊敬的男性。雖說性欲隨著年齡增長逐漸降低，但我也很喜歡性愛喔。

只不過，我怎麼樣也無法認同人跟人之間的關係被契約、權利或所有權限制。因此，我從未感受到結婚的魅力所在。

戀愛是自由的，所以我稱呼戀愛對象為「好朋友」。有的朋友交情還不錯，有的朋友交情非常好（笑）。因為沒有人規定好朋友只限一個。人的感覺是會變的。如果我會改變，對方的心也有可能從我身上離開，一點辦法也沒有。再怎麼忌妒，也無法令對方回心轉意。人的情感是無法被綁定的。那一次，我了解到人心善變，因而獨自靜靜地掉淚。

我認為女性主義這種思想除了追求跟男人平起平坐，也在追求自由。比起平等，我更渴望自由。身體的性自主權更是至關緊要。一旦結婚就得放棄這個權利，光用想的就覺得很可怕。

我在各種場合都會提到女性主義的話題，談到「性自主權」時，年齡層愈高，愈是沒反應。是因為這是大家的弱點呢？還是大家覺得自己已經過了保存期限呢？

戀愛是利己主義的爭鬥。只有人類會毫不遮掩地展示自己的佔有慾。男人會讓佔有慾自然流露，我總覺得男人會外遇都是基於他們天真無邪的利己主義。如果女人的利己主義能夠比男人更上一層樓的話，男人應該也會開始默默忍耐吧。

「我覺得不甘心」、「我無法忍耐」……大吼出來不是很好嗎？怎麼樣都好過一直忍耐。

我從未因為憎恨而跟男人分手。「要幸福喔，雖然不是由我帶給你的」，我是抱著這樣的心情分手的。因為對方是值得我去愛的男人，而我也真的愛過了，我覺得很自豪。

對方是自己曾經付出時間跟心力的人，所以就算分手也不會交惡，繼續放在朋友名單裡。這是非常寶貴的，因為很多朋友身為不同領域的專家，當有困擾的時候隨時可以找他們商量。

對方應該也是這樣想的吧。也有前男友會介紹自己的情婦給我認識，我們還一起吃飯。我說：「這個人還不錯」，對方就露出很高興的表情。啊，原來如此，分手之後，我可能變成類似母親的角色了吧。彼此已非男女關係，不會期待對方，因此相互容忍度變得比較大。跟分手後的男人保持「單純的朋友關係」其實還不賴。

人為什麼不會外遇？

很不可思議的，女性之間不會互探隱私，但對方如果是男性的話，女性就會涉入。一旦踏進對方生命，也會更加明白自己是什麼樣的人。就這個意義上，我一直都覺得應該要談戀愛。

過去，我認為女人是弱者，所以身為強者的男人受到點傷害也沒關係。但是，在談了好幾次戀愛之後，我漸漸發現其實男人也很脆弱。

就我多年採訪的感覺，「女人再怎麼弱不禁風，也比看起來無堅不摧的男人來得強大」。就精神層面跟生命力而言，女性還是略勝一籌。雖然很多女性罹患憂鬱症，但自殺的男性比較多。會一蹶不振的大多是男人吧。柔能克剛應該就是這個意思。

就男女關係，男人想要在分手時給對方留下好印象，或害怕女

人在面前哭哭啼啼，所以選擇用 LINE 提分手，會這樣都是因為男人很脆弱。但我不認為脆弱就可以耍賴。

最後，我請教上野，為什麼人會外遇呢？

我倒想問，人為什麼不會外遇？如同我前面提到的，我實在無法接受，一旦結婚就得被迫放棄身體性自主權這種恐怖的事情。

有一次，我看到某個婚宴會場的海報上寫著：「最後的戀愛就此展開」，當下覺得匪夷所思。情聖結婚後也繼續談戀愛喔，而且為什麼結婚之後就不談戀愛了呢？我實在無法理解。

有的女性因為談婚外情，對先生變得比較溫柔體貼。那並非出於罪惡感，而是因為愛著男人跟被愛，女性魅力上升的關係，才能對丈夫溫柔體貼。

不過男人很遲鈍，所以往往察覺不到妻子的外遇。即使起了疑心，也因為不想觸碰不願面對的真相，而不願深究。

的確，丈夫的婚外情很容易被發現，但妻子的婚外情卻不容易被察覺到。就像上野所談到的，最近經常聽到女性說，因為外遇，夫妻關係反而變得更加融洽，雖然這充其量是種結果論。

因為女性逐漸有「戀愛跟婚姻是兩回事」的想法，已婚女性的婚外情不斷增加。自己在外面展現「女人」的那一面，使家庭關係圓滿。也就是說，在家庭當中只扮演「妻子」跟「母親」的角色，反而是最安穩的。

有女性果斷地說，她跟丈夫之間雖然有「情」但沒有「愛」。

也有女性說：「丈夫是家人，我不會想跟家人做愛。」

結婚是為了建立家庭。維持好美滿的家庭關係，然後在外滿足身為女人的情愛。現實就是如此。

外遇並不是善惡的問題，會變成那樣也沒辦法，不是嗎？只是，如此一來，就會產生「婚姻到底是什麼」的疑問。

所以我認為，最好不要訂下「無法履行的誓約」。

昆虫は恋をするのか？

昆蟲談戀愛嗎？

第二章

從昆蟲學的觀點來思考外遇

丸山宗利（昆蟲學者）

1974年出生於東京。北海道大學農學研究所博士。歷任日本學術振興會特別研究員、美國芝加哥菲爾德自然史博物館等，2008年起任職九州大學綜合研究博物館助教。研究領域為螞蟻跟白蟻共生的昆蟲多樣性，是亞洲研究者第一人。一年當中有三分之一的時間在海外進行田野調查，至今發現了許多新品種昆蟲。著有《昆蟲真不可思議》（光文社新書，台灣由晨星出版）、《光彩閃耀的甲蟲圖鑑》（幻冬舍，台灣由晨星出版）、《螞蟻巢穴的生物圖鑑》（合著，東海大學出版部）、《螞蟻的日常零距離》（あかね書房）等書。

從昆蟲的角度思考人類社會

會思考「人結婚之後，為何還會想尋求另一段戀情？」、「人類是否本來就不適合一夫一妻制？」等複雜問題，是人類之所以為人類的證明吧。人類以外的動物又是如何呢？牠們究竟是如何尋找伴侶、繁衍下一代的呢？說到最原始的動物應該就屬昆蟲，我拜訪了九州大學綜合研究博物館的助教丸山宗利先生。

你知道昆蟲有多少種類嗎？光是已知的昆蟲就有一百萬種喔。把尚未命名與尚未被發現的昆蟲算進去的話，估計可能有五百萬種。陸地上最多的生物就是昆蟲。有多少種昆蟲，就代表有世界上存在多少種生活型態。

那麼，到底什麼是昆蟲呢？學術上有好幾種定義，但對昆蟲沒有興趣的人來說有點難懂。

因此，我簡單說明如下：「除了潮蟲（鼠婦）、蜈蚣、馬陸、蜘蛛、塵蟎、蠍子以外，大致都可以視為昆蟲。蛞蝓跟蝸牛不是昆蟲，是貝類的夥伴。」

我從小就非常喜歡昆蟲，從興趣延伸成為了昆蟲學家。對我而言，昆蟲最有魅力的地方，在於其樣貌與生活型態的多樣性。我在觀察、研究昆蟲時，有時候會不知不覺地思考，我們人類的世界又是怎麼一回事呢？因此，我覺得在思考人類社會的問題時，試著窺視昆蟲的世界，應該會發現許多饒富趣味之處。

昆蟲多樣性的秘密在於「飛行」與「變態」。

百分之九十九的昆蟲都會飛行，而且地球上最早在空中飛行的就是昆蟲。當時恐龍的身邊應該有很多昆蟲飛來飛去吧。

而百分之八十以上的昆蟲是完全變態。所謂的完全變態是指，成蟲的樣貌跟幼蟲完全不同，蝴蝶應該是最好懂的例子。另一種情況，像是蟬跟蚱蜢，牠們的幼蟲長大之後沒有太大的變化，最後脫皮蛻變為成蟲，則稱為「不完全變態」。

大部分的昆蟲在交配之後，雌蟲跟雄蟲就會分道揚鑣。有的雄蟲在僅僅一次的交配之後死亡。另外，大家都知道螳螂在交配之後，雄蟲會被雌蟲吃掉，其中有的雄蟲會在交配之前就被吃掉，也有的雄蟲交配後巧妙地脫逃，跑去跟其他的雌蟲再次交配。

蟻后跟女兒的關係

就昆蟲的生活跟繁殖而言，螞蟻真的相當有趣。螞蟻跟蜜蜂是夥伴關係（註），雖然不同種類的型態稍有差異，但行為機制幾乎相同，在此試著說明牠們的代表性特徵。

螞蟻巢穴達到一定規模時，會誕生有翅膀的螞蟻。一年一次當符合各種條件時，有翅膀的螞蟻就會飛出巢外，跟同一時期從其他螞蟻窩飛出來的異性在空中交配，然後雌蟻單槍匹馬開始築巢，成為新的蟻后。

雄蟻在空中交配之後會力盡而亡，而那時，雌蟻會從雄蟻身上取得精子並儲存在自己體內的袋子（儲精囊）裡。儲精囊儲滿能用上一輩子的精子，讓雌蟻持續利用。

完成交配的雌蟻降落到地面後，就開始單獨挖築巢穴產卵，成為

註：螞蟻跟蜜蜂在分類上同為昆蟲綱下的膜翅目。

蟻后。由於不再需要飛行，便自斷翅膀，並將飛行時所用的肌肉分解來餵食幼蟻。在那段時間蟻后夙夜匪懈，每天都勤奮地產下數百顆卵。這個時期產下的是工蟻卵，在工蟻長大成蟲後，蟻后就會讓牠們外出覓食、照顧自己跟新生的孩子們。順帶一提，工蟻全部都是雌蟻，牠們雖然是蟻后的女兒，但是終其一生都在尋覓食物，奉獻給蟻后。

蟻后擁有數百顆到一百萬顆的卵子，分開產下雄蟻跟雌蟻的卵。螞蟻擁有特殊的性別決定機制，受精卵會孵出雌蟻，未受精卵會孵出雄蟻。在單獨築巢的階段，蟻后無法產下雄蟻卵。這是為了產下大量能變成工蟻的雌蟻，以擴大巢穴。此外，要產下受精卵時，必須鬆開括約肌，讓卵受精之後才可以產下，因此比產下未受精卵還要花時間。

當螞蟻窩大到一定程度時，依據巢穴內食物的量、費洛蒙跟受精的有無，從蟻卵會孵出有翅膀的雌蟻跟雄蟻。這個時候雄蟻首次誕生，當到了交配季節時，有翅膀的螞蟻就會全部飛出去交配，然後雌蟻開始單獨築巢，成為新的蟻后，如此不斷重複循環。

蟻后的壽命約十年到二十年，意外地長壽。如同前面所述，工蟻都是雌蟻，牠們受到蟻后的指令（費洛蒙等）無法受孕。這也是很厲害的機制，蟻后讓自己的女兒們不孕，唯有自己可以持續繁衍後代。

但是，當發生蟻后死亡的情況，原始的螞蟻，其部分工蟻的卵巢會成熟，變得可以產卵。然而一旦蟻后死亡，幾乎大多數的工蟻都會罷工，因此整個螞蟻窩滅亡是常有的事。

在螞蟻社會之中，巢穴也相當複雜，裡面有好幾萬隻螞蟻勞動著，有一定的秩序，發生緊急狀況時也能分別達成各自的使命，對應各種狀況。這些機制都是依循著蟻后的指示跟螞蟻的本能。例如，工蟻會分攤「照顧蟻后」、「照顧卵跟幼蟻」、「搬運食物」、「儲藏食物」等工作。在外頭尋找食物的工蟻大多是有年紀的螞蟻，上了年紀之後可能會被外頭的工作逼得焦頭爛額。不同品種的螞蟻，有的還會有保衛蟻窩的兵蟻大隊。雖然兵蟻跟普通的工蟻難以區分，但兵蟻會成群結隊保護螞蟻窩，抵禦其他生物的威脅。兵蟻也全部都是雌蟻。

蟻后生存的目的只有一個，就是留下自己的基因。那是牠一生最重要的目的，也是牠的一切。她們是在空中交配，因此也被稱之為「飛行結婚」，但我並不覺得那很浪漫，單純只是雌蟻想要留下自己基因的生物本能而已。

叛經離道的螞蟻

蟻后為了留下自己的基因，一心一意持續產卵。女兒們則受到母親指示，被迫不孕。他們難道不會突然對那樣的生活感到厭煩，跟從其他地方飛來的雄蟻偷情嗎？

雖然沒辦法證明，但工蟻的確有可能跟從外頭飛過來的雄蟻交配。工蟻之中，也有出於不明原因而變得能夠產卵，抓住空檔生下小孩，使之與蟻后的孩子魚目混珠。生物的世界沒有所謂的「絕對」，也存在跳脫一般常識之外的情況。人類社會應該也是如此吧。

順帶一提，螞蟻、蜜蜂跟虎頭蜂是社會性昆蟲。人類之外的生物的社會性是指階級劃分，階級的頂端是蟻后，其下是專心工作、不產卵的工蟻。這種生殖階級跟非生殖階級共同生活的型態稱為「真社會性」。以女王為金字塔頂端的巢穴，成員彼此都有血緣關係，因此也是「家人」。因此，我們可以將螞蟻的世界視為人類社會的縮影，是人類社會徹底原理化的樣貌。

社會性昆蟲的特徵是「排他性」。即便品種相同，但其他巢穴的昆蟲就是外人，也是敵人。在公園經常可以看到螞蟻打群架，彼此廝殺啃咬，非常慘烈。動物知道無謂的爭鬥只會導致兩敗俱傷，不會胡亂開戰，但當有地盤之爭時，就不得不殺得你死我活。

除了戰爭，螞蟻也有奴隸制度。到了夏天，武士蟻的工蟻就會侵入日本山蟻的巢穴搬出蟻蛹，獵捕奴隸。其實武士蟻的工蟻連自己外出覓食、咬碎食物，甚至養育自己的妹妹幼蟻都不會，因此就奴役日本山蟻，讓牠們幫自己工作。日本山蟻的壽命很短，只有一到兩年，因此當缺工時，武士蟻就去日本山蟻的巢穴掠奪蟻蛹跟幼蟻。日本山蟻在還不懂事的時候就被帶到武士蟻的巢穴，因此變成成蟲時，會誤以為武士蟻的蟻窩是自己的巢穴，而勤奮地工作。這說起來有點哀傷，但昆蟲師法自然，其中自有定數。我想螞蟻是被植入了不擇手段也要傳宗接代的程式吧。牠們沒有思考外遇或偷吃等事情的時間或價值觀。

有機可乘的螞蟻窩與其多樣性

螞蟻窩除了螞蟻外，還有其他各種共生的昆蟲。螞蟻有排他性，因此螞蟻窩時常處於警戒狀態，但一旦潛進去之後就安全了。

在生物的世界，只要有資源（食物或是良好的生存環境），就會出現覬覦那些資源的生物。一生或是某一時期棲居於螞蟻社會的昆蟲稱之為「喜蟻昆蟲」，目前已知的喜蟻昆蟲數量就有昆蟲十目百科以上。也就是說，有非常多喜好螞蟻、與之共生的昆蟲。螞蟻的巢穴以家庭為單位組成，理應排外才對，但卻願意讓他種生物寄居於巢穴之中，此一出乎意料的包容性也是螞蟻另一個有趣之處。在人類社會絕對不可能發生有外人神不知鬼不覺地住進自己家裡的事情吧。由此也可以看出螞蟻的多樣性與包容性。

喜蟻昆蟲當中以偷吃出名的是蟻塚蟋蟀。蟻塚蟋蟀是身長三到五毫米、翅膀退化的小型蟋蟀，棲居於螞蟻的巢穴當中。螞蟻同伴之間會用口接力搬運食物，部分蟻塚蟋蟀會混進隊伍當中竊取食物。其中，有的蟻塚蟋蟀還會模仿螞蟻搬運交接，直接要到食物。

也有昆蟲潛入螞蟻的巢穴，成為食客。巢穴蚜蠅亞科跟食蚜蠅科的幼蟲是身長約一公分，外型有點奇怪的半圓形昆蟲。牠們會貼著螞蟻窩的壁面，宛如螞蟻窩的一部分緩慢地移動，以螞蟻的幼蟲或蟻蛹為食。即便幼蟲被吃掉了螞蟻也不會察覺。

又或者是小灰蝶的幼蟲，會分泌螞蟻喜愛的化學物質吸引螞蟻。螞蟻誤以為牠們是自己的工蟻妹妹，而把小灰蝶幼蟲搬回巢穴，一進到螞蟻窩，小灰蝶幼蟲就開始吃起螞蟻的幼蟲。

螞蟻窩的功能非常完善，因此很容易成為其他昆蟲的標的物，即便如此，螞蟻們則裝作沒看見，勤奮地守護著巢穴，朝著擴大巢穴規模的目標邁進，這真令人覺得憐愛。當然，牠們並不是因為「對他者有愛」，但我們總是一廂情願如此認為。

螞蟻巢穴的狀況，換言之就是有不認識的人寄居，擅自開冰箱吃東西，有時候還會裝出跟自己孩子一模一樣的聲音要點心吃。螞蟻完全不介意這種狀況，盡責地完成傳宗接代使命，這究竟是偉大還是愚蠢呢？

從人類的角度來看可能會覺得那是大愛，但在那之中當然沒有「情愛」。那應該是生物為了要延續生命而演化出來的機制吧。

是愛，還是生物本能？

有如同螞蟻跟蜜蜂一般，採階級制度的「真社會性昆蟲」，也有無階級制度，父母會照顧、餵食小孩的「亞社會性昆蟲」。

亞社會性昆蟲有很多種，其中以覆葬甲屬的甲蟲特別出名。葬甲科俗稱埋葬蟲，對照埋葬蟲日文的漢字為「死出蟲」。蟲如其名，牠們是會出現在屍體旁的昆蟲，擁有食用動物屍體的奇特習性。

只要出現老鼠等小動物的屍體，埋葬蟲的成蟲就會被屍體腐敗的味道吸引過來。然後，雄蟲跟雌蟲會同心協力將屍體埋到土裡，因為動物的屍體營養豐富，競爭對手很多，如蛆或是其他甲蟲，因此必須把屍體藏起來。

之後，牠們會把淺埋的屍體做成如同肉丸子般漂亮的球形，發現肉丸子的表面有蒼蠅卵等異物還會仔細挑掉，避免發霉。埋葬蟲會在肉丸子上產卵，母親會啃咬肉丸子餵食出生的幼蟲。看著看著，就會覺得牠們多麼不辭辛勞地養育後代，忍不住想要用親情來形容這一幕。

當然，那也可能是其中一種看法。但比起昆蟲會照料幼蟲是出於愛，不如說，那是為了有效率地讓自己的基因留存下來的一種生存型態罷了。我們常用「愛」一個字來概括解讀，但所有行為都有生物學上的意義。

這樣的講法可能有點殺風景，但仔細想想，人類的「愛」可能也是如此。既然人類是動物，就會以留下自己的基因為最重要目的，不是嗎？人類的父母如此勤奮育兒，要說是出於愛，不如說那是種延續基因的本能。人為了延續基因而談戀愛，那麼為了傳播基因而搞外遇，不也是可能的嗎？只是這樣想，會覺得有點恐怖就是了。

昆蟲談戀愛嗎？

在植物葉子的背面等處，不是都可以看到蚜蟲的蹤跡嗎？牠們會以各種形式繁殖。隨著季節變換，有的會產卵，有的會直接產下幼蟲，有的也可以不交配直接自體繁殖。所以蚜蟲的繁殖速度非常快。

人類如果能像那樣的話，就不用煩惱少子化問題了。但是人沒有那樣的身體結構，複製人也因倫理及道德規範被禁止。觀察昆蟲世界，有時會覺得，理性、倫理或社會的一般觀念多麼束縛人類。

當然，昆蟲的行為是依循本能，而非情感，並非因為雙方在談戀愛才進行生殖行為。只是因為身上裝有感應器，有狀況就對應而已。例如，輕碰螳螂牠就會生氣。但是，所謂的「生氣」也是人類的看法。螳螂看起來好像在生氣，但牠只是為了保護自己，也就是說，螳螂沒有「憤怒」等情感，只是很單純地展現出自保的本能。反觀人的情感容易被當作是比本能更上位的理性。然而說不定，人的情感有八成是基於本能。

雖然沒有情感，但昆蟲為了達成傳宗接代的目的，也會在交配時下工夫。例如，雌蟲有刷子狀的感覺器官，雄蟲會刺激那裡以利交配。那個感覺器官應該類似昆蟲的快感區，加以刺激會讓牠們覺得很舒服。

雌蟲覺得舒服，雄蟲就比較容易進行交配。大多數的昆蟲天生備有那樣的機制。

雖然昆蟲不會談戀愛，但卻擁有讓交配順利進行的機制。由此也可看出昆蟲窮盡一生就是為了延續基因。

昆蟲如何邂逅異性呢？

雌蟲在交配的前階段會先挑選雄蟲。那麼，雄蟲跟雌蟲是怎麼相遇的呢？為避免近親繁殖，大部分昆蟲會盡可能跟遠方的異性交配。但是，昆蟲的移動範圍有限，例如，原始的「衣魚」或是翅膀退化的「步行蟲」等只能以步行的方式移動。即便如此，牠們也會盡可能選擇離自己棲居地較遠的異性。像是蝴蝶跟蜻蜓等可以遠距離飛行的昆蟲大多會移動到別的環境，獨角仙跟鍬形蟲則是在覓食的樹林擇偶。

只是，即使彼此相遇了，昆蟲也無法透過外表判斷對方的性別。不只是人類的眼睛無法辨別，大部分昆蟲其實都不具備如人類般發達的視力。蝴蝶跟蜻蜓等少部分的昆蟲視力發達，為了在白天飛行所以眼睛擁有識別能力，但其他的昆蟲又該如何？

這時費洛蒙就登場了。雄蟲接收到雌蟲釋放出的費洛蒙，知道對方是雌蟲後進行交配。據說大多數的動物也有相同的機制，而人類則是退化了。不過最近有研究顯示，人類也有相當於費洛蒙的「味道」，那個味道跟戀愛有關。為避免近親繁殖，女性會討厭跟自己父親類似的味道，偏愛跟自己基因比較遠的男性。

根據知名昆蟲學家法布爾的研究，他將大天蠶蛾的雌蛾放入研究室的網子當中，打開窗戶放一晚，隔天房間內竟然飛舞著四十隻雄蛾。費洛蒙是一種化學物質，雌蟲會從腹部將費洛蒙散發於空氣中。為了便於接收費洛蒙分子，其中一種雄蛾的觸角形狀如同鳥的羽毛，形成了感覺器官。因為再小的分子也不想放過吧。

騙婚跟送禮的昆蟲

就像我前面所說的，昆蟲類型豐富，就像人類社會的縮影，因此也有騙婚的昆蟲。

棲息於北美的肉食性 Photuris 屬的雌螢火蟲，會發出 Photinus 屬雌螢火蟲的閃光訊號，被誘騙而來的雄蟲便成為盤中飧。我居住於芝加哥的時候曾經目睹那個光景。雖然當下覺得看到了難以置信的恐怖景象，但事後回想起來，有機會親眼目睹那不可思議的一幕實在令人感動。

Photuris 屬的雌螢火蟲會發出固有的閃光信號，引誘同種雄蟲前來交配。交配結束後，就會模仿 Photinus 屬螢火蟲雌蟲的信號，吸引該種雄蟲前來，然後吃掉對方。這種行為也是為了保護自己的物種吧。

也有的昆蟲會展開送禮戰術。就像人類談戀愛時會送禮物的行為。最有名的是蒼蠅的親戚「舞蠅」。雄蟲會把捕獲的獵物獻給雌蟲，鎖定被食物吸引飛過來的雌蟲進行交配。另外，有的舞蠅還會從前肢吐出絲綑綁獵物，包裝好後才獻給雌蟲。包裝的行為應該是為了避免獵物掙脫，但是從人類的角度來看，牠們的行為就像在包裝禮物，不禁讚嘆起牠們的別出心裁。

在此，我們要思考這樣的行為有何意義。

雄蟲只要製造精子，就可以無限制地跟多隻雌蟲交配。但雌蟲能夠製造的卵數量有限，不是跟誰交配都可以。因此，雌蟲必須慎選雄蟲。只是，就雄蟲的立場，因為可以多次交配，彼此之間也會競爭，得想盡辦法讓雌蟲挑上自己。

所以舞蠅的雄蟲會送禮。這道理跟大多數雄性動物的外表很華麗是同樣的。雄孔雀的裝飾性羽毛長而華麗，雄鹿的鹿角大而威武。雌孔雀會選擇羽毛華麗的雄孔雀，因此雄孔雀的羽毛愈來愈豔麗。雄鹿的鹿角也是一樣，愈來愈壯觀。雄鹿會相互爭奪雌鹿的交配權，擁有利於打鬥的大鹿角得以勝出。雄鹿總是跟其他雄鹿爭鬥，只有不斷演化的雄鹿才能生存下來。

這種篩選配偶的方式稱之為「性擇」。演化指的是擁有利於生存特徵的個體得以殘存下來的自然競爭，跟生存沒有直接關係的個體行動與形態差異很多都能用性擇來解釋。

性擇當然也適用於人類社會。女性要求男性的經濟能力，男性喜好年輕且凹凸有致的女性等生殖的各種條件，也都有生物學上的意義。因為人類也是動物嘛。

人類應該生而平等，但結果並不一定如此。因為「性擇」會把人們區分成搶手貨跟非搶手貨，跟昆蟲的世界一樣競爭激烈。

有女性希望結婚對象有經濟能力，婚後偷吃時則說：「戀愛對象不是帥哥的話沒意義。」她強調，丈夫有足夠的經濟能力，因此外遇對象必須要有丈夫沒有的「帥氣臉蛋」。當然，男性談婚外情時應該也是一樣，即便沒有特別意識到，還是會設定篩選條件。

不伴隨生殖的外遇戀愛關係，其背後也是依循著「性擇」運作。

動物按本能生存

各種生物都有被剝削資源，奪取生命的風險。即便是人類，也跟蛔蟲、寄生蟲，或各種病毒不斷搏鬥到現在，今後也將繼續搏鬥下去。

人類社會也是一樣。寄生於公司，或者是反過來被公司壓榨，都可說是社會的常態。換言之也可以說，因為有敵人，生物才會生存下來。因為在過程中生物會出於本能想留下自己的基因，人類也是如此。人類的壽命變長，也拉長了跟異性交流的時間，結婚後當然會想跟對方白頭偕老。但即使如此，我想人類應該殘存著雄性動物想跟多個雌性動物交配的本能吧。

我不知道昆蟲到底會不會外遇。因為昆蟲根本就沒有戀愛的情感與社會的常識（笑）。觀察獨角仙跟鍬形蟲可以發現，牠們的雄蟲體型比雌蟲小，有的會在其他雌雄交配時企圖混進去跟雌蟲交配。被對方交配中的雄蟲發現時當然會被修理一頓。即便如此，有的雄蟲仍然想趁機魚目混珠一償交配的宿願。

蚱蜢跟鍬形蟲當中，有些雄蟲在交配後仍然停留在雌蟲背上，不讓其他雄蟲接近。從人類的角度來看，可能會把這種行為當成愛的表現，但是就昆蟲而言，那不過是為了優先讓自己的基因保留下來的行為。

小型鳳蝶的雄性，會在交配過程輸送精胞的同時分泌黏液，製造出交配栓的蓋子蓋住雌性的生殖器，藉此避免雌性跟其他雄性交配。另一方面，龍蝨的雄蟲也會在雌蟲身上封上交配栓，但雌蟲會用腳把栓子拆下。看在雄蟲眼裡真是情何以堪。

大多數昆蟲的雌蟲會把從雄蟲獲得的精胞保存在體內的袋子裡，

當要產卵時，才取出精子讓卵子受精，這時才會用到事先儲存的精子。因為雌蟲很可能先使用靠近袋子入口處的精胞，因此，八丁蜻蜓等昆蟲會把前面交配過的雄蟲精胞推進袋子深處，才把自己的精胞輸送進去。明明沒有人教牠們這樣做，你不覺得牠們很厲害嗎？又如深山川豆娘的雄蟲，牠們相當粗暴，其陰莖前端突起，在交配時會先刮出前面交配的雄蟲精胞。

幾乎所有昆蟲的壽命都不到一年。因此為了留下自己的基因，雄蟲必須在這麼短的時間內盡可能跟雌蟲交配。而大多數的情況都是較晚交配的昆蟲佔優勢。

像這樣雄蟲之間的精子相互競爭稱為「精子戰爭」。把其他雄蟲的精胞刮出來，把自己的精胞塞進去，雄蟲之間的精子戰爭對雌蟲而言也相當辛苦。但雌蟲跟各種雄蟲交配的過程當中，勝者的基因將被留下。因此也可以說，是雌蟲選擇了獲勝的雄蟲。

不知道究竟是隨口胡謅，還是已經真的這麼做了，有位已婚女性說，她跟情人做愛時不會避孕，做完當天會緊接著跟丈夫做愛。

「孩子是誰的都無妨，那不會改變孩子屬於我的事實。」相當大膽的言論，同時體內正展開精子戰爭。雖然最後她沒有懷孕，但她說這句話時的陶醉神情令我難忘。

人類的價值觀比昆蟲狹隘

人類社會因為家庭與社會制度井然有序，因此本能被昇華，視作文化層面的概念。在一夫一妻制的日本長大的人，會覺得一夫一妻理所當然；在一夫多妻制的地方出生長大的人，自然也會認為一夫多妻才是標準。人類社會所謂的知識或理性，不過是為了合理化本能，而被製造出來的便利工具之一。

不可以偷吃——這不過只是現代的解釋方式。

只要是動物，就無法抑制想延續基因的欲望，體驗過愉悅的性之後就阻止不了自己。你是沒辦法徹底壓抑本能的，就像不進食跟不睡覺會危及生命，而性欲不也是類似的東西嗎？

我會著迷於昆蟲是因為牠們的多樣性。昆蟲有好幾百萬種，每種都擁有不同的生態系。那是超乎人類想像的世界。看著昆蟲，每每讓我覺得人類生存於相當狹隘、短視的觀念與常識之中。因為昆蟲的世界沒有所謂的絕對。

如前面所述，人類是捨棄費洛蒙的動物。我一直研究著像昆蟲這種原始的生物，有時會覺得在昆蟲的世界比較好生存，人類其實偏離了「生物」原本的型態。也就是說，超出本能的「常識」跟「社會規範」，有點發展過頭了。再說，社會規範會隨時代改變，例如「一夫一妻制」跟「不可以搞外遇」等，都是非常近代的思考方式。日本一直到幾十年前都還有夜訪（註）的習俗，也有納妾娶側室的時代，那樣的做法在當時才是理所當然的。我當然不是刻意要去違反現代的規範，更不是在肯定外遇行為，只是，人類最好能自覺到，自己其實是活在狹隘的價值觀當中。這樣至少不會像最近新聞報導看到的那樣，大家炮火猛烈地去抨擊譴責跟自己素不相識的人外遇或是偷吃。

跟昆蟲不同，人類會浪費精子。那可能是因為性行為除了享受愉悅之外，也變成了溝通工具的關係吧。人類社會就是在這樣的歷程上發展過來的。

而在社會向前進展的過程中，人類太執著於融入社會，反而導致

註：男人於夜間造訪女人住處與其發生性關係。

本能衰退。從地球的歷史來思考，人類演化的過程非常短。過程中，人類某種程度上封印了本能，使得只有能夠理性自制的個體才得以生存下來吧。

這麼說起來，「外遇」可能是人類沒有封印好而透顯出的本能吧。

第三章

從動物行為學的觀點來思考外遇

動物的偷吃行為無法用倫理解釋

動物の浮気は倫理では語れない

竹內久美子（動物行為學者）

隨筆作家，動物行為學研究者。1956 年出生於愛知縣。1979 年從京都大學理學系畢業後，進入該校研究所博士課程攻讀動物行為學。1991 年以《這怎麼可能！——關於基因與神》（文春文庫）一書榮獲第八屆講談社出版文化獎的「科學出版獎」。主要的著作有《從手指瞭解男人的能力和疾病》（講談社 +α 新書）、《女人會看男人的手指》（新潮新書）、《男女進化論——一切都從誤會開始》（新潮文庫）、《因為偷吃想生小孩的女人們》、《解開基因的謎團！男人手指的秘密》、《解開基因的謎團！女人嘴唇的秘密》（以上皆由文春文庫出版）等書。

雌雄動物不一起行動就會偷吃

我們已經瞭解，昆蟲為了留下後代，多麼鞠躬盡瘁。其他的動物又是如何呢？跟人類相近的類人猿也會談戀愛或搞外遇嗎？

我們邀請動物行為學的專家竹內久美子，從「動物會外遇嗎？」這個命題來開啟討論。

在哺乳類動物中，只有百分之三到五左右是一夫一妻制。大家可能會很意外，一夫一妻制的哺乳類動物反而比較稀奇。跟人類相近的類人猿當中，黑猩猩是近似亂婚的狀態，大猩猩是一夫多妻，只有長臂猿是一夫一妻制。

順帶一提，多數哺乳類的雄性並不參與育兒，而一夫一妻制的動物則是雌雄形影不離。但與其說是出於忌妒或是佔有欲這類情感，不如說那是為了看守雌性，防止雌性生下其他雄性孩子的行為。

鳥類將近百分之九十是一夫一妻制，無論是築巢還是覓食都是夫妻合力進行。只是，當牠們分開行動時，即便是一夫一妻制的鳥類，不分雌雄都可能會偷吃。也就是說，動物如果沒有不分晝夜緊貼行動的話很難防止偷吃。

如果出現比現在的伴侶素質更好的對象，雌性就會出於本能想要取得那個雄性的基因。這樣的行為促使動物演化。雄孔雀比雌孔雀漂亮，燕子雄鳥的尾羽也比雌鳥長，這也是雌鳥擇偶結果所導致的演化。長而美的羽毛就是擁有「好基因」的證據。好基因意味著「免疫力強」，反映出動物的歷史就是對抗病原體的歷史。動物為了避免自己的基因被消滅，會本能地想要留下多樣的基因。因此，對動物而言偷吃是種本能，無法用倫理加以探討。我認為動物學上，比起「外遇」，應該用「偷吃」這個詞比較正確。

動物的雌雄之間有決定性的不同。雄性射精之後重新製造精子的速度很快，因此，雄性是以反正會失敗所以多嘗試的心態，追求各種交配的機會。

另一方面，雌性無論是懷孕、生產跟育兒都以年為單位，很花時間，因此挑選對象不可以輕率，識別出擁有好基因的雄性是相當重要的。即使偷吃，也是出於想取得優於丈夫的基因的本能。

英國的生物學家羅賓・貝克（R. Robin Baker）跟馬克・貝里斯（Mark A. Bellis）認為人類其實也相同，便進行了一項有趣的調查。

女性偷吃的機率在四十歲之後上升

這是針對女性不同年齡層偷吃機率所做的調查。根據調查結果，女性從十幾歲到二十幾歲之間，偷吃的機率會逐漸減少，但跨入三字頭之後偷吃機率會突然上升。二十五歲到三十歲之間的偷吃機率為百分之四，三十歲之後為百分之八，進入四十歲之後則突破至兩位數。

該問卷調查也詢問調查對象有幾個小孩，也就是檢證小孩數量跟偷吃機率之間的關係。調查結果顯示，有一個小孩的人，偷吃機率為百分之三；兩個小孩的人為百分之十；三個小孩的為百分之十六。然後，有四個小孩以上的偷吃機率高達百分之三十一。

此外，沒有小孩的女性，偷吃機率為百分之五。也就是說，單純就數據來計算，有四個以上小孩的女性，偷吃機率是沒有小孩的女性的六倍。

這是什麼意思呢？讓我們來推測一下。

結婚之後，早晚都會懷孕，大概生了兩個小孩之後，女性會不自覺地將目光轉移到丈夫以外的男性身上。應該是生活穩定之後，環視周遭，其他男性也成為考慮對象了吧。如果女性普遍採取的盤算是「在年輕時總之先跟一個還可以的男性結婚生子再說」，之後「女人的偷吃策略」就會發揮功效。

這個「女人的偷吃策略」的重點在於，女性從三十歲到四十歲左右開始，性欲會逐漸高漲。女性的性欲也跟男性賀爾蒙的睪酮素有關，在進入四十歲之後女性荷爾蒙會快速減少，相對的男性賀爾蒙會佔優勢。有一說是因為這個原因增強了女性的性欲。如果要說年過四十的女性較常偷吃，都是因為這個策略的話，那還真是束手無策呢，不是嗎（笑）？

另外，孩子愈多愈容易偷吃的理由如下。例如，家庭中只有一個孩子，妻子如果懷上了偷吃對象的小孩，可能會被暴怒的丈夫逐出家門。但是，如果跟丈夫之間有三個小孩呢？丈夫若趕走妻子跟偷吃對象的小孩，三個小孩自己又照顧不來。因此，就丈夫的立場，親身骨肉愈多，就愈不得不接受妻子跟偷吃對象所生的小孩。

就我採訪的經驗，談婚外情的以四十多歲的女性居多。偷吃的理由諸如：孩子長大之後逐漸不需要花時間照顧；自己因為兼差外出增加，有更多認識其他男性的機會；跟丈夫之間沒有性生活，不再被當成女性對待；不知道是有意還是無意的，逐漸出現想要滿足性欲的想法等。

竹內所說的話，就像在為上述偷吃理由背書般，讓我只能點頭稱是。作為動物的女性，在生下丈夫的小孩之後，會開始追尋其他

男人更好的基因，這是理所當然的。因為女人也可以說是雌性。

另一方面，對女人而言，偷吃對象恐怕是比丈夫還要好的「好男人」，也就是擁有好基因的男人。如此一來，孩子的基因有機會變異為較優質的基因。這非常重要，因為當流行病肆虐，如果基因擁有遺傳多樣性，倖免的個體就可能增加。再者，優質基因意味著有比較強的免疫力，更能提高孩子的存活率。照這樣說，即便是一夫一妻制，妻子也還持續偷吃、不停經、孕育生命，豈不是很好嗎？停經可說是人類特有的現象。黑猩猩等動物就不會停經，上了年紀的雌性因為是育兒老手，反而很受雄性的歡迎呢。肉體青春卻沒有因此而受到歡迎，這可能是人類以外的動物的優點（笑）。

大約是六年前，有隻高齡五十六歲，名喚蘇西的黑猩猩生產了。

野生黑猩猩平均壽命約為四十歲，圈養在動物園的黑猩猩，壽命也頂多五十歲左右，蘇西牠非常長壽，而且也是黑猩猩當中的最高齡產婦，生產後母子均安。

一般而言，動物園為了控制個體數量會餵動物吃避孕藥，但因為蘇西年紀也大了，因此沒有餵食避孕藥。黑猩猩不會停經，因此那樣的年紀也能夠受精。反觀人類到了某個年紀之後，再怎麼努力也生不出來。

人類之所以會演化成這樣，有可能是比起不停經、不斷生產與養育後代，不如協助小孩養育小孩，也就是幫忙帶孫子，反而能更有效率地讓基因延續吧。所以女性才會接收到再也無法生小孩的訊號而停經。因為人類必須傳承文化、語言跟智慧等，因此，上了年紀的女性便將這些工具傳承給孩子跟孫子。

動物會從性行為中獲得快感嗎？

這樣的問題突然浮現腦海。因為性行為能帶來快感，人類會進行不為繁衍後代的性交。動物也會那樣嗎？

針對這個問題，歐美也有相關的研究。研究者愛撫雌黑猩猩的生殖器，結果，有的雌性覺得很討厭而逃開，也有的雌性彷彿想要更多愛撫而扭動著身體。

動物在野外活動時，時常會被其他動物給盯上，因此在毫無防備的狀態下，交配必須儘快結束。雖說如此，然而若一點也不覺得舒服的話，應該不會想做那麼多次吧。雖然不知道動物是否擁有似同人類的「快感」，但應該有動物才會有的「舒服的感覺」。

棲息於亞洲地區的短尾猴在交配時雌猴會發出聲音。而且嘴巴還會嘟起來，好像非常舒服般的喘著氣，那很明顯的應該是快感。

雖然我們無法肯定動物是否擁有快感，但棲息於非洲剛果，黑猩猩屬的巴諾布猿，以性行為作為溝通的工具而聞名。雄性彼此會用陰莖來擊劍，雌性彼此則會相互磨蹭陰部（笑）。雌性之間這樣的行為是由日本的巴諾布猿研究者所發現的，並將此一行為取名為「呼嘎呼嘎(註)」。

雖然現在還不清楚巴諾布猿這樣做是否為了享樂，但至少知道當氣氛緊張時，牠們就會把身體依偎在一起，進行類似性交的行為。巴諾布猿以愛好和平而知名，很有可能是因為牠們用性行為來溝通。

另外，巴諾布猿也因為跟人類一樣，會使用傳教士體位性交而出名。傳教士體位是指面對面的體位，與動物常見的背後式性交不同，可能有「情感上」的交流。

註：此為日本研究者針對雌巴諾布猿同性間相互磨蹭陰部取得性快感行為的獨創稱呼，日文原文為ホカホカ。

人類的陰莖為什麼很長？

前面提到的生物學家貝克跟貝里斯做了非常多有趣的實驗。例如，他們提供保險套給情侶，回收情侶們性交時的精液。他們也會詢問情侶，他們碰面相處的時間有多長，兩次性交間隔多久時間。

結果發現，性交間隔的時間愈長，精子的數量就愈多，這聽起來理所當然。重要的是，那是跟伴侶相處時間短暫的數據。這樣的現象恐怕是忌妒所造的業，也就是說，伴侶的防衛愈鬆懈、沒有見面的時間愈長，下一次性交時，就會射出比較多的精子。即便不是以生殖為目的的性交，也必須時常將精子戰士推送進去，以防止其他男人的精子讓卵子受精，這是雄性的本能。像這樣，多個雄性的精子之間，為了讓卵子受精相互競爭的行為稱之為「精子戰爭」。

人類的陰莖是靈長類動物當中最大的。根據澳洲生理學家蕭特（R. V. Short）的調查，陰莖勃起時，大猩猩為三公分，紅毛猩猩為四公分，黑猩猩為八公分而且很細。相對的，人類長達十三公分，而且陰莖頸（龜頭）很大，翹起的角度也符合女性生殖器官。

人類的陰莖為什麼會呈現那種的形狀呢？黑猩猩的陰莖沒有陰莖頸，而且交配的時間只有七到八秒鐘，就活塞運動而言非常早洩。另一方面，人的性交時間約兩到十分鐘，活塞運動則有一百到五百次之多。為何人類性交的時間長，而且活塞運動次數多的原因在於，男人會在自己射精前，先用陰莖將已射在女性體內的他人的精液刮出來。又粗又長、呈現香菇狀的龜頭確實很適合用來刮精液。

那麼，會雜交、精子戰爭比人類還激烈的黑猩猩，其陰莖的龜頭為何很細、不是香菇狀，而且交配時間非常短呢？雌黑猩猩在發情的十天左右，一天會交配十幾次。雄黑猩猩非常清楚，即便把前一隻黑猩猩的精子刮出來，把自己的精子送進去，馬上又會有其他雄黑猩猩來交配，因此用陰莖搔刮的行為沒有意義。取而代之的，是以精子的數量取勝。所以黑猩猩的睪丸是人類數倍大，製造精子的能力非常強。

男性的草食化已經談論了很久，但我想提出下面的假說。這數十年來，日本人的繁殖可能逐漸不再有實質上的精子戰爭。因為保險套變得容易取得，偷腥時只要戴上套子做愛就好。而且，資訊發達，祕密很容易被洩漏，偷吃難度增加，真的有需要的話還能做ＤＮＡ鑑定。如此一來，與其在外頭偷吃偷生，還不如退出精子戰爭，進行夫妻間的生育，在精神跟經濟層面上都相對輕鬆。另一方面，男女都不再需要為了生活而走入家庭。在現代社會，草食化應該比較長壽。

然而，就動物而言這種情況非常奇怪。動物的命題應該是，該如何留下自己的子孫。因此，我暗自認為，雖然大家都說男性草食化，但實際上，非草食男留下比較多的後代。因此，少子化跟草食化都不可能持續。

雄性動物經常伺機交配

人類總是疑神疑鬼，擔心伴侶是否偷吃；但當自己偷吃時，又為了不露餡而煞費苦心，機關算盡。

動物也有預防偷吃的策略嗎？

有不少動物在交配後，用自己的精液封住雌性的陰道，那叫做交配栓，最有名的是鼯鼠（俗稱飛鼠）。即便被封上交配栓，也有可能會被其他的雄性撬開交配，雌性也會自己剝掉。雄鼠在雌鼠身上封上交配栓，並不是因為想預防偷吃的「情感」所驅使，而是希望自己的精子受精成功，不讓其他雄鼠的精液進來的「本能」所致。

另一方面，人類也會有相似的情況。男性在女性陰道裡射精之後，精液會從陰道倒流出來。但是，倒流的情況並非在射精之後馬上發生，平均是在三十分鐘後，有時候經過五十分鐘才會發生。為什麼精液不會馬上流出來呢？那是因為精液在陰道裡會稍微凝固。這正是所謂的交配栓。人類可能也具備不讓其他雄性的精液進入伴侶體內的生物本能機制。

於動物世界，雄性經常伺機交配。獅尾狒是狒狒的其中一種，為小數量群居動物，狒狒群當中會有兩隻雄狒狒，是老大跟老二同時並存的狀態。老二雖然不可以跟雌狒狒交配，但身旁有這麼多對象，不可能按耐得住交配的欲望。老二會伺機而動，一找到機會就跟雌狒狒交配。

另一種狒狒的雄性會對有小孩的雌性非常溫柔，幫忙照料日常生活。為了在雌性下一次發情時有機會交配，牠們有目的性地推銷自己。

班翡翠是棲息於非洲的湖畔等地的鳥類，夫妻在前一年產下的雄鳥（第一幫手）會幫忙育雛，沒有血緣的雄鳥（第二幫手）也會加入幫手行列。很明顯的，這隻雄鳥企圖讓自己成為後繼者。

雖然黑猩猩的社會是近似亂婚，但雄猩猩之間階級分明，愈低階的雄猩猩很難有機會跟雌猩猩交配。於是，低階雄猩猩就會設法誘惑雌猩猩。牠們會走到感興趣的雌猩猩身旁，默不作聲地靜靜依偎著。究竟牠們在做什麼呢？牠們在商量私奔。彼此靜默著，凝聚「一起到某個地方」的共犯意識。

談妥之後，這對情侶就走到社群的勢力範圍邊界完成心願。當遇到狀況時，雌猩猩可以轉移至其他社群，但是，雄猩猩不會被其他社群所接受。雄猩猩回到原本的社群之後，至少有降等的懲罰等著牠。即便如此，只要有可以留下自己基因的機會，雄猩猩甚至不顧危險也要找雌猩猩私奔。

人類過去應該也很頻繁地爭奪伴侶。只是，人類理解到生活的安定較易導致區域或國家繁榮，因此創造出一夫一妻或一夫多妻的制度以維護秩序吧。

認為一夫一妻制很正常的日本人，很容易會認為採取一夫多妻制的國家都讓男人吃香喝辣。然而事實不盡然如此。例如在伊斯蘭世界，因為一部分男人成立後宮（註），而使得很多男人找不到伴。此外，坐擁後宮的丈夫有責任妥善照顧所有妻子的生活，在迎娶第

註：Harem，伊斯蘭社會當中已婚女性與其未成年兒子的居所。

二個妻子之前，還需取得第一個太太的同意。更不容許丈夫對任何一個妻子有差別待遇。考量女性的經濟能力等因素，一夫多妻制可能看起來是相對穩定的。

為何人類一年到頭都在發情？

即便正在懷孕或哺乳，只有人類想做愛就做愛。黑猩猩等也只在懷孕初期交配，其他的哺乳類動物幾乎不會這麼做。

為什麼人類無時無刻都在發情呢？答案是，為了預防「殺嬰」。例如剛才黑猩猩私奔的例子，黑猩猩社會看似非常通融，然而卻無法迴避殺嬰的問題。

黑猩猩社會在什麼情況會發生殺嬰呢？當雌性攜子轉移至其他社群，而且孩子是雄性時，就可能會發生殺嬰。因為帶過來的幼猿不是此社群任何一隻雄性的小孩，在未來將變成自己的對手。而且哺乳中的雌性不會發情，因此，對社群而言，那隻雌性跟幼猿沒半點用處。然而，如果那隻幼猿消失，雌性就能發情，進而懷孕生下社群內雄性的小孩。所以被雌性帶來的幼猿會被殺掉。長期在烏干達森林做觀察的日本研究者發現了這個現象，想必看慣了一片祥和的日本獼猴研究者應該很震驚吧。

從人類的角度來看可能會覺得很殘酷，然而對動物而言，牠們界線分明，只投資自己的小孩，不會做白費工夫的事情。因此，就動物學的觀點來看，只疼愛自己的小孩是一般常識。

人類也一樣，虐待妻子帶過來的孩子，這樣的例子並不罕見。只是，另一方面，雖然不是親身骨肉，也有的人會發自內心去愛繼子。從動物學的角度會認為，那樣的人就跟班翡翠的第二幫手、獅尾狒的溫柔叔叔相同，想討妻子歡心以便產下自己的孩子。

也就是說，雌性人類之所以一年到頭都在發情，那是因為只在發情期才可以性交的話，小孩有可能會被殺害。因此推測，女性有可能是為了迴避那樣的狀況，才必須一直發情。

前述以性行為作為溝通工具的巴諾布猿，在牠們的世界沒有殺嬰的現象。巴諾布猿和平到令人難以想像，竟然有動物能夠建構出如此安穩的社會。

巴諾布猿的月經週期平均為四十六天，其中發情期間長達二十天。另外，從七歲到十二、三歲是青春期，這個期間性皮（外陰部周圍的皮膚）會比成熟的雌猩猩還要隆起，牠們在這段期間會頻繁交配（但因為還沒有排卵，所以不會懷孕）。

另外，我們知道巴諾布猿直到生產前一個月仍會持續交配。更令人意想不到的是，以黑猩猩為例，分娩後到寶寶斷奶前不會發情，但巴諾布猿在產後一年之內會有不伴隨著排卵的發情。那是其他猿類難以想像的。

巴諾布猿會演化成這樣，普遍認為也是為了避免殺嬰。巴諾布猿的社會並非如黑猩猩一樣是「近似」亂婚，牠們是真的亂婚、濫交，孩子的父親是誰都無所謂。

雖然很少見，在巴諾布猿社會當中也會有雌性轉換社群，但是不會有殺嬰的情況，雄性間也不會相互對立。為什麼呢？其中一個原因是，因為雌性彼此相當團結。相較之下，雌性黑猩猩之間彼此關係疏遠，因此一有紛爭就馬上離開，轉移至其他社群。但是巴諾布猿對所屬社群感情深厚，雌性彼此之間保持良好關係，對社群而言應該較為有益。

但是，雌性巴諾布猿團結的理由只是這樣嗎？我心存疑問。前面有提到，雌性巴諾布猿處於緊張狀態時會彼此摩擦性皮（呼嘎呼嘎）。這並不只是單純的儀式，牠們應該是真的愛著彼此。隨著雌性彼此磨蹭著陰部，性皮也會變得愈來愈泛紅，這是性興奮的證據。跟喜歡的同性交疊著身軀，身體應該非常愉悅，內心也獲得平靜了吧。正因為這樣，雌性彼此之間即使有任何不愉快，也能藉此拋在腦後不是嗎？

我們應該可以從巴諾布猿的社會學到很多。透過溝通來迴避爭吵，男人不擺架子，女人感情融洽，不相互嫉妒。為什麼人類無法創造出這樣的社會呢？為什麼無法對他人的外遇行為更加寬容呢？

沒有繁殖目的以外的性生活，真的好嗎？

除了巴諾布猿，動物基本上都是以繁殖為目的進行交配。變得無法繁殖之後，就只有等死了吧。

俗話說：「四十八歲老蚌生珠」，這樣的例子可能少見，但代表著女性在這個歲數之前都還可以生小孩。就往昔所說的「人生五十年」來看，過去人類可能也跟動物一樣，完成繁殖之後就死亡了吧。

現在的人類愈來愈長壽，過了不生育的年齡，伴侶間的性生活也可能就此結束。然而，苦於無性生活，最後走向外遇的已婚男女日益增加。會造成這種現象，可能是生育年齡並未延長，但壽命變長了，於是能做愛的時間也大幅增加所導致的吧。

中年夫妻之所以沒有性生活，是因為沒有做的必要，我覺得這想法很通情達理（笑），絕對不是因為彼此沒有愛了。

如果雙方都認為無性生活也很好，那就沒什麼問題，但是，當有一方想要有性關係時，就會開始累積不滿。這是人類才會有的複雜問題呢。人類不分男女，一旦彼此因為工作有很多外出的機會，沒辦法二十四小時都在一起的話，偷吃的可能性就會增加。

然而，「不可以搞外遇」的價值觀是從穩定社會生活的觀念衍生而來的。如果從動物繁殖的觀點來看的話，盡可能地偷吃、外遇，不斷增加子孫的數量才是比較好的。

對女人或雌性動物而言，「好基因跟好爸爸」很難兩立。正因如此，可以理解雌性動物為何會先隨便找個男人生小孩，之後再跟別的男人偷吃以取得更好的基因。因為對女人而言，跟比丈夫還要好的男人生小孩，本來就是不需要猶豫的事情。

反觀男人，卻不必然會想要跟比妻子還要好的女人生小孩。因為男人只要有機會，跟誰生都好。有可能正因為男人挾帶這種本性，偷吃才不被允許。但是，就生物學上來講，偷吃是理所當然的。

不斷出軌的結果，當然也有人被另一半強求離婚，或是遭到嚴厲的教訓，也有很多夫妻大吵一架之後重歸舊好。還有夫妻感情變得比偷吃之前更好的例子，像是夫妻共同經營小店鋪，同舟共濟的情況。

因為若不攜手合作，生活就會陷入困境，夫妻之間才能一起度過偷吃的關卡，變得更加同心協力。

我總覺得夫妻同心協力工作、生活的家庭跟受薪家庭相比，對其配偶的偷吃或外遇，對應方式有所不同，無論是丈夫或妻子偷吃都一樣。

為什麼人類會演化成這樣子呢？英國的動物學家莫里斯（Desmond Morris）的代表作《裸猿》當中提到，人類的高智能是因為狩獵生活所需而發達的。我也是這樣認為。

然而，我覺得理由不只如此。我認為，「語言」發展也是促進人類智能與腦發達的必要原因之一。理由如下。

讓我們試著比較一下，大猩猩跟黑猩猩這兩種類人猿跟人類之間的差異。

雄大猩猩是體重超過兩百公斤的龐然大物。雄大猩猩身體強健發達的原因在於，牠有需要為了保衛自己的後宮與爭奪交配權時，與其它雄性搏鬥。那麼，黑猩猩的特徵是什麼呢？雄黑猩猩的睪丸兩個加起來有一百二十克重，是人類的三到四倍。這是因為他們是近似亂婚，必須製造大量精子，提高讓雌性受孕、產下自己小孩的機率。

那麼，借用同樣觀點來思考，人類擁有發達大腦的這個特徵，又是怎麼一回事呢?人類大腦的容量是大猩猩跟黑猩猩的三到四倍。讓我們從人類的婚姻型態來試著思考看看。

我們無從得知人類在進化過程當中採取了怎樣的婚姻型態。但是,就現代人男性的睪丸並沒有那麼大來看,我們的祖先應該不像黑猩猩一樣是採取類似亂婚的婚姻制度吧。另外,無論是一夫一妻制還是一夫多妻制,都捨棄了「雄性跟雌性經常一起行動」的模式,確立了男人外出狩獵,女人留在家或是家裡附近的生活樣態,走出人類獨自的道路。

人類的男人信任妻子的貞節外出狩獵,妻子則相信丈夫會努力狩獵而送丈夫出門。外出狩獵的男人為了家人勤奮工作,然而,一旦有餘力時,應該就會想要留下更多子孫。順利的話,在外面也播下自己的種,然後若無其事地回到自己原本的家。重點在於,男人在外如何用事業成就來吸引女人,舌粲蓮花地讓外頭的女人對迷上自己。當然,也要扯些理由說服在家的妻子。如此一來，男人的說話能力，也就是語言能力進化了。

另一方面，妻子必須預防丈夫偷吃。因為丈夫過於熱衷於外面的活動時，帶回家的獵物會減少。最糟糕的情況是，也可能一去不回。於是，妻子為了能跟左鄰右舍的太太們交換資訊，使得語言能力變得發達。到現在也還有因為鄰居太太們的傳言而讓外遇露餡的例子呢。當然，女人自己也會跟丈夫以外的男人偷吃。

我不由得認為，人類的婚姻型態讓男女雙方都必須磨練語言能力、推理能力與思考能力，導致大腦異常發達。

大猩猩跟黑猩猩也是因為牠們的婚姻型態，使得某些身體部位很發達。人類會不會也是因此湊巧使得大腦發達了呢？人們會驅使語言來吸引異性的注意。這跟狩獵時代的人類，本質上並沒有差異。

不管怎麼說，動物天生就是會偷吃。但我並不是說人類盡管偷吃沒關係，人類社會有屬於自己獨特的價值觀。

在這邊只是想先幫各位打個預防針：「身為動物的一分子，人類會出軌是合情合理的喔。」（笑）。

第四章

善惡的標準會因宗教滅絕而改變嗎？

宗教消滅で善悪の基準は変わるか

從宗教學的觀點來思考外遇

島田裕巳（宗教學者）

1953年出生於東京都。宗教學者、作家。東京大學人文科學研究所博士。歷任放送開發教育中心助理教授、日本女子大學教授、東京大學尖端科學技術研究中心特約研究員。主要著作有《宗教滅絕》（SB新書）、《日本十大新宗教》、《平成宗教二十年史》、《不需要葬禮》、《自己決定法號》、《為什麼日本最多的佛教宗派是淨土真宗呢？》、《為什麼日本最多的神社是八幡神社呢？》、《靖國神社》、《天下一家》（以上為幻冬舍出版）、《世界會走向伊斯蘭化嗎？》（與中田考合著，幻冬社新書）《讓人生的終點歸零》（集英社、台灣由商周出版）、《死亡方式的思想》（祥傳社新書）、《戰後日本宗教史》（筑摩選書）等書。

宗教意義上的外遇為何？

從宗教的觀點來思考時，外遇是「絕對的惡」嗎？

即便是有信仰的人，婚後談婚外情的人也很多。

也聽說有虔誠的基督教徒因為婚外情身心備受煎熬。

於是，我向宗教學者島田裕巳請教宗教與外遇之間的關係。

該如何評論「外遇」本身就是個難題。因為「外遇」這個詞彙本身所代表的，是現代日本社會的特有現象。如果從「違反倫理道德」來理解外遇這個概念的話，外遇就跟宗教無關，它僅是道德、法律上的概念。

日本在第二次世界大戰結束之前有通姦罪。因為法律如此規範，當時社會一般觀念認為「外遇是邪惡的」。

通姦罪是指，已婚者跟配偶以外的人發生性關係時所處之刑責，適用於有夫之婦及與其發生關係之男性，是由丈夫提出訴訟的告訴乃論罪（被害人提出告訴才得以追究刑責）。

當時日本家父長制色彩濃厚，男人有義務照顧妻子到老死。這是種將女人視為男人所有物的概念。換句話說，通姦罪這條法律之所以存在，是為了讓丈夫把妻子當作所有物，某種意義上也把女人視為男人的「財產」。因此，染指其他男人的所有物（女人），或者生活在男人庇護傘下的女人，卻與其他男人發展關係，都會被視為所有物的侵害，是有罪的。出於這些理由，通姦罪存在於家父長制思維濃厚的舊時日本。

「外遇是邪惡的」，這樣的想法也是源自於這個法律。

第二次世界大戰之後，日本廢除了通姦罪。在那之後，外遇在民法上會被當成是「不貞行為」追究責任，但再也不會被處以刑責。但是，我認為必須把「追究責任」跟「就這麼愛上了的心理」分開來看。

大家可能隱約知道，伊斯蘭教國家的女性如果通姦的話，會被處以「石刑」（這個罪名叫「齊納」），是伊斯蘭教法上的犯罪行為，將偷吃的性行為跟婚前性行為視為重罪。但同樣是伊斯蘭教，適用的法典不同，罪責跟罰則也會不同）。

石刑這種酷刑，是把人的下半身埋進土裡，並對無法動彈的受刑者扔擲石頭直到死亡。為讓受刑者不立即死亡，處刑時會準備非常多拳頭大小的石頭。這樣的行刑方式非常大費周章，也讓受刑人飽嚐痛苦，極為殘酷。現今採用此一處刑方式的國家愈來愈少。

齊納之罪仍存在於法條中，然而是否適用，則依時代而不同。實際上，進入二十一世紀之後，伊朗政府曾對通姦女性判處石刑，但是受到來自國際人權團體與全世界的強烈譴責，最終於二〇一四年時宣布釋放受刑人。顯示從某一時期開始，伊朗也逐漸不再如此嚴格遵守基本教義。

大家往往會以為伊斯蘭諸國視外遇為十惡不赦，總是將受刑人處以極刑，但就連信奉伊斯蘭教的土耳其也廢除了死刑，更何況是處以石刑。

基督教的《聖經》中，也寫著「不可姦淫」。

但是，這邊又產生了疑問。

什麼才是姦淫呢？只有實際發生性行為才算姦淫嗎？

基督教當中有亞當和夏娃的「原罪」概念。他們背叛了神，食用了禁忌的果實，罪孽深重。擁有夫妻之外的性關係等同於此原罪，姦淫絕對是邪惡的。

我有位女性友人是「二代基督徒（雙親是基督徒，因此一出生時即為基督徒）」。她以處女之身跟父母安排的對象結婚。因為她認為即便是夫妻之間的性愛也是罪惡，跟先生做愛一點都不舒服，不到一年就離婚了。

後來，她認識了一位已婚男性，有生以來第一次喜歡上別人。一邊背負著巨大的罪惡感，最終還是陷入情網。過程中她也感到強烈的喜悅。

雖然想要上教會懺悔，卻沒有勇氣坦承認罪。這段期間內心充滿痛苦與煎熬，但還是管不住自己想見對方的心。最後，她體驗到「前所未有的快感」，做出「因為我得到了幸福，神應該會原諒我」的結論。雖然不知道從宗教的角度看是否正確，卻讓我印象非常深刻。

佛教與外遇

佛教的五戒（佛教徒最根本必須要遵守的戒律）當中有一戒為「不邪淫（不可以行不道德的性行為）」，要求在家居士（居士佛教的修行者）必須戒邪淫。

從以前沿襲至今的佛教戒律觀，加上基督教的影響，再加上「通姦罪」的連鎖反應，「不可以搞外遇」的觀念，自近代之後滲透於一般人的生活當中。另外，日本社會可能也受到孔子教誨體系化後的儒教影響吧，但儒教與其說是宗教觀，不如說比較接近道德觀。日本在明治時期頒布的《教育敕語》便是採用了儒教的思想。

在江戶時代也有不可「私通」的道德規戒。因為戶長必須扶養整個家族，因此，若發生私通事件，戶長會被嚴厲追究責任。然而，如同前面所述，二戰後家父長制逐漸淡去，通姦罪也被廢除了。如此一來，「不可以搞外遇」的觀念日漸稀薄。說起來，基督教並未在日本紮根，因此日本人也沒有「原罪」的思考方式。

我個人覺得，也許在宗教出現之前，作為善惡判斷標準的「道德觀念」就已潛藏於人類內心深處。只是，當「社會」出現之後，光只有道德觀仍難以順利運作，因此才會出現「法律」。

出身希臘的記者，之後以作家、日本研究者而聞名的小泉八雲（原名為拉夫卡迪奧．赫恩，Lafcadio Hearn），將二戰前的日本形容為一個分不清宗教、道德、法律與慣習之間差異的高壓社會。因此，「高壓」中也包含了通姦罪。

先不談那是好是壞，我總覺得有「不義密通」（註）與通姦罪的社會，反而助長了激烈的外遇戀情。人是愈被禁止，就愈想去觸碰禁忌的生物。大正末期的和歌作家柳原白蓮的外遇私奔事件（白蓮

註：江戶時代用語，意指沒有婚姻關係的男女私通。

事件）等就是最好的實例。

日本現在的民法規定，結婚需基於兩性的合意。另一方面，大家都覺得總之不可以搞外遇，但是基於什麼理由「不可以」，卻曖昧不清。

日本有很多人會在結婚會館的教會，舉辦基督教式的結婚典禮，還請打工的神父見證主持喔（笑）。被佛教戒律所束縛的人也很少。汙穢禁忌與鬼神作祟等民間信仰也日益稀薄。變成這樣的話，即使大家覺得「不可以搞外遇」，卻沒有支持「不可以」的根據，所以人們才會克制不了自己吧。宗教的力量並未及於外遇。

最近，遺產的繼承上，婚生與非婚生子女之間持分的差異已消失了。過去，非婚生子女較難繼承遺產。可能因為無法透過倫理、宗教來限制外遇，只好利用法律來約束吧。

全世界的宗教正逐漸滅絕

我認為，或許到了某一天，宗教會徹底消失。實際上，在歐洲，人們正迅速離棄基督教。

在一九五八年，星期日會去參加彌撒的法國人有百分之三十五。然而，到了二〇〇四年卻只剩下百分之五。一份調查顯示，二〇一四年僅剩百分之零點九。

讓孩子受洗的比例也從一九五〇年的百分之九十減少至六十。上教堂的人一旦減少，教會就難以運作，想要成為神職人員的人也會逐漸減少。因此，在近五十年左右，想要成為神職人員的人只剩下過去的十分之一。

據說在法國，無神論者佔人口百分之十三，無宗教信仰者則為百分之二十九。這個跟日本人所說的「我沒有宗教信仰」意思不同。日本人雖然會說自己是無宗教信仰或是無神論，但新年時還是會去參拜或是掃墓，多少會參與到宗教活動。即使當事人並未意識到，但神與佛早已融入日本人的日常生活。

然而，法國的情況並非如此。如果是無神論者，就不會跟神扯上任何關係。無宗教信仰者也比日本的無宗教信仰者都還要遠離宗教的活動。基督教本來就跟地方教會淵源深厚，但如果是無宗教信仰者的話根本就不會上教會。可見法國的「無宗教信仰」跟日本的緣由不同。

德國於二〇一五年發表了一項衝擊天主教會的統計數字。二〇一四年正式脫離天主教會的人攀升至二十萬人。前一年的數字則是十八萬多。

德國的主要宗教信仰為基督教，雖然分為羅馬天主教跟新教，但是據英國報社報導，在二〇一四年，竟有二十萬新教徒脫離教會。大部分的德國人脫離教會的最大理由在於「教會稅」。在德國，百分之八到十的所得將被國家以教會稅的名義徵收。很多人因為不想要繳納這個稅金，因此脫離教會。除了德國之外，冰島、奧地利、瑞士跟瑞典等北歐國家也有此一徵稅制度。

日本人因為很習慣政教分離，可能有很多人對於國家徵收教會稅感到驚訝，但在歐洲除了法國以外，大部分國家跟教會的連結都很密切。英國雖然沒有教會稅的制度，但大多數英國國民所隸屬的英國國教會的最高領袖為伊莉莎白女王。

在歐洲各國，政教合一的歷史淵源深厚。然而現今，那樣的關係逐漸崩解。另一方面，伊斯蘭教於歐洲的勢力不斷擴大。原因當然並非基督教徒改信伊斯蘭教，增加的大部分是從信奉伊斯蘭教各國來的移民。運作不善的基督教會頂讓出去，改建為清真寺的情況也在各地發生。

若照這個趨勢，伊斯蘭教會不斷在歐洲擴張勢力嗎？我認為也不盡然如此。伊斯蘭教原本是由商人開始傳播的宗教，相當重視慷慨與盈虧共享，否定「利息」的概念。這和歐洲重視市場金融的資本主義格格不入。也因此，信奉伊斯蘭教的各國如果想要順利發展經濟的話，可能得跟那些經濟強國一樣，走上離棄宗教、世俗化發展的道路才行吧。

所以，雖然不知道會是何時，我認為宗教將從人類社會當中消失。有位美國的心理學家這樣說，雖然宗教的力量變弱，但人們生活的滿意度卻上升了。也有人說，宗教力量的消退是因為社群媒體的發達，使得人人都能夠消磨時間。也可能是大家發現，再怎麼虔信也看不到回報吧。

日本也是如此。二戰後，大家離開鄉下，移居到都市。鎖定那些人們加以傳教的新興宗教盛行一時。而他們變成了年邁老人時，現在日本人則開始主張：「不需要葬禮」、「不需要墳墓」。可能是進入了老舊思想被一掃而去的時代了吧。

現在的年輕人失去了建立家庭的動機，不了解結婚有何意義。在一九六〇年代，沒有結婚的人比例只有約百分之一，人人幾乎都會結婚。但是，現在大家漸漸不結婚了。其中應該有半數的人應該終其一生都不會選擇婚姻吧。不需要宗教，也不需要結婚，若真如此，「外遇」的概念也可能會消失吧。

「社會觀感」會成為新的道德嗎？

日本原本就有「社會觀感」這種代替宗教的潛規則。

我覺得藝人貝琪惹出的外遇風波，之所以成為熱門話題，關鍵就在於「社會觀感」。不論是身為已婚卻帶妻子之外的女性回老家的男人，還是跟著男人同行的貝琪，他們的腦袋裡完全沒有「社會觀感」。這樣的人不斷增加的話，會造成社會困擾。然而，這樣的事件會浮上檯面，也是「社會觀感」這種規範已逐漸薄弱的證據。

即便覺得「這種倫理觀念亂七八糟」，日本也沒有規範社會的宗教，更不存在過去以戶長為中心的家父長制度。

男人們總是宗教的中心。雖然新的宗教之中也有女性領袖，但那也是有名無實，至少並不是從女性利害關係的角度出發所建立的宗教。因此，我覺得日本宗教開始滅絕的背後，其實是因為家父長制的崩解。

宗教崩解使得禁忌不在、情色消失

在很久以前，我曾經拜訪過法國某個高級別墅區。在那裡，白天是健康的天體海灘，但一到了夜晚，海岸邊的「海之家」餐廳各個變身為派對會場。海岸一帶壟罩著妖異的氣氛，全裸僅著洞洞裝的女性牽著半裸男性前來赴宴。

在各棟建築物裡舉行的是類似雜交的派對。入口處分別標示著：「情侶檔」、「單身者」跟「同性戀者」，很有意思。

因為活動發生在高級別墅區，參與者年齡層都相當高，當然也可以想像到他們應該是有錢人。我向好幾個人詢問：「為什麼會來這裡呢？」大家都異口同聲地回答：「光只是決定要來這裡就令人興奮不已」、「因為年紀也有了，我們夫妻討論過後都想參加看看，

希望留下難忘回憶。」我不是很能理解，為何來到某種意義上與世隔絕、期間限定，卻是準備萬全的雜交派對現場能夠如此興奮。但是，在我腦中一閃而過的念頭是，行為與宗教的關係。他們是不是背叛了神，去到那個地方尋找意義呢？在那裡做什麼不重要，重要的是，去參加一場雜交派對本身就是打破禁忌的情色欲望，不是嗎？我跟島田提到這件事……

那是法國獨特的思考方式。法國曾發生法國大革命，導致天主教的宗教權力應聲瓦解，此後自由、平等、博愛的精神深植人心。然而，他們思想的根本認為肉體是公共的東西，也就是說，是屬於神的，這樣的認知根深蒂固。例如，他們認為即便是自由意志也不能凌駕在生命倫理之上。

法國有部小說叫做《O孃》，那不只是描寫SM的故事。並非只是被鞭打而獲得快感這麼簡單的事，而是因為擅自鞭打隸屬於神的肉體，踏入禁區以滿足情色欲望。那也不是表面上「神與個人」的對立概念，其中含有更複雜的意識，藉由施加痛楚於神所賦予的軀體，讓靈魂得以解放、獲得快樂。若非擁有跟他們一樣的思考方式，不可能理解法國人的想法。穆斯林、美國人不會懂，當然日本人也不會懂。

對於快樂的定義依國情而有所不同，從這個面向看來，人很難相互理解吧。有禁忌的話，情色反而會更發達。現在的日本，沒有禁忌，也沒有倫理規範，情色卻反而是逐漸衰弱。

宗教本來就有被用來穩定社會秩序的功能。但是以佛教為例，創教至今已經兩千五百年了；伊斯蘭教也有一千三百年的歷史，如此陳舊的規範早已不適用於現代了。

結果，現代社會就連訂定明確的道德倫理，也就是立下明辨善惡的標準都做不到，社會跟宗教一體化早已是久遠的過往。現在已發展國家的法律並不是根據宗教，而是根據民主主義。因此，宗教的必要性日漸稀薄。

日本非常擅長於吸收各種宗教節慶作為商業行銷活動。新年要到神社參拜，盂蘭盆節要掃墓。甚至是情人節、聖誕節等數不清的宗教節日，都成為商業行銷活動。其中也有流行一時，但不久之後就退燒的節日。情人節原本是巧克力公司的陰謀，塑造成女性向男性示愛告白的日子，但那之後逐漸演變成，為了使公司內的人際關係更加圓滑、和諧，贈送同事義理巧克力的日子。而現今更變成女性品嘗稀有的進口巧克力的日子了（笑）。情人節因為已經偏離了節日的本意，不久之後可能會逐漸退燒吧。現在反而是變裝、集體狂歡的萬聖節比較受歡迎。我對此不置可否，但日本人的善變跟欠缺虔信宗教之心，讓我覺得相當值得玩味。

結婚到底是什麼？

在過去的日本，結婚是種為了過生活的手段。妻子是家裡的勞動力，也有生育繼承人的義務。人們基本上都是透過相親結婚，在鄉下地方，婚禮當天才第一次看到結婚對象的情況並不少見。

結婚會跟「愛情」扯上關係，是日本在進入近代之後，受到基督教式的「愛」的概念傳入的影響。那時，相對於過去「被迫成婚」，「相愛結婚」的觀念第一次成為焦點。因此，到現在還是會刻意區分「相親結婚」跟「戀愛結婚」。

雖說如此，不管有沒有愛，婚姻制度都很難在現今的日本延續下去吧。

讓婚姻制度得以存續至今的，應該是「虔信宗教之心」跟「社會觀感」，然而這些已經不復存在，也不再能阻止夫妻離婚。現在的日本，一年有二十萬對以上夫妻離異，離婚有如家常便飯，也幾乎不會受到社會的責難。

但是，當想要離婚時，會被財產分配跟扶養權等繁雜的問題纏身。因此，很多人覺得若不到「跟對方在同個空間呼吸好痛苦」這種厭惡的程度，還能勉強維持婚姻。但是，若已將配偶視為「家人」，而非男女關係，感覺這樣的人可能正享受著外遇的「戀愛」關係吧。他們／她們很成功地分飾「配偶」、「父母」跟「男人／女人」等多種角色。

這次貝琪惹出的外遇新聞，正是一個令人印象深刻的典型例子。

日本是個強迫獨立個體得扮演好某個特定角色的社會。宗教跟戒律已然失效，個人的生存方式必須讓外界可以解讀與理解，這成為新的基本戒律，一旦偏離就會被責難。

白雪公主不可以不是白雪公主，不可以變成魔女。因為貝琪被賦予的角色設定跟「外遇」八竿子打不著，所以才被大肆抨擊。

觀看現在的電視節目，你會發現搞笑藝人跟藝人都在扮演特定角色。演員由於從事的工作就是扮演，即使大家無法見識他們本真的個性，也能夠理解。但是，搞笑藝人的工作應該是秀藝，現在卻淨在角色扮演。那其實不叫演藝，只是觀眾現在都不追求演藝，反而想看搞笑藝人扮演某個角色來取悅觀眾。這就是現今日本演藝界的構造。

因此，破壞角色形象變成是藝人或搞笑藝人的過錯。貝琪也是如此，她的角色形象不應該搞外遇。

如果扮演的是搞外遇也可以被原諒的角色，應該就不會鬧得如此沸沸揚揚吧。順著想下去，原來還可以像這樣把人被區分成兩種：可以搞外遇跟不能搞外遇的。

大眾制裁外遇的時代

一個人必須安於扮演某個角色，與之同時，在日本大家也都覺得工作只能有一個。日本有很多公司會禁止兼副業。但是，環視世界其他國家，身兼數職才是普遍常見的。

換工作也是一例。在日本，若想換工作，得具備讓周遭的人都認同的理由才可以。有人搞不好得換上十次工作才終於遇到適合自己的志業也說不定，卻不被允許。

各種意義上，日本是少有變動的社會。沒有宗教信仰，但是還是有凝聚社會的需要，因此日本社會藉由規範人們的行動，讓人並非對「神」，而是對「公司」有著異樣的忠誠心以團結社會。我們不是都認為變動的社會不值得信賴嗎？這就是日本社會令人窒息的地方。

我認為，日本會變成如此令人窒息的社會，根源在於「學校的打掃活動」。日本的小學、國中跟高中的自由度太低。在學校，全體學生都像軍隊般進行打掃，結束後就上補習班或參加社團活動，二十四小時都被束縛，化身為沒有主人的奴隸。

可能是因為日本除了沒有宗教信仰，家庭跟區域共同體的力量也逐漸衰弱，所以責任只能全部集中到學校吧。在學校會徹底地要求集體行動，而最具象徵性的就是打掃。偷懶的話會被斥責，被迫要「為大家奉獻」。從小時候開始，「為大家奉獻」總是優先於活出自己。

在車站月台上自動排好等車，搭乘手扶梯時靠邊站，搭電梯時，總有人率先擔任電梯操作員，日本人真的非常顧慮他人呢。我個人認為，在日本「為大家奉獻」的意識，應該遠比宗教戒律來得強而有力。發端就是學校的打掃活動。

另一方面也可以說，正因為受到嚴謹的教育，日本的工藝技術才會如此強大。我最近買了台英國品牌的「阿拉丁（Aladdin）」烤土司機，原本以為不過是台烤土司機，但一用驚為天人。烤出來的麵包好吃到讓人覺得，以前用過的烤土司機到底是怎麼了。而這麼厲害的烤土司機使用的正是日本的技術，不是其他國家可以做到的。沒有日本技術的話，全世界應該無法生產工業產品了吧。嚴謹的品質與技術，果然是日本才做得到的東西。但是，一想到那個技術的根源是來自於學校的打掃活動，心情就變得有點複雜。

現在，日本新幹線的清潔人員聞名全世界。他們那種在短時間

內讓車廂恢復整潔的能力，很可能是在學校的打掃活動時培養出來的吧。

其中當然有職人的特殊技術，但正因為個性「嚴謹」的日本人很多，所以才使得新幹線的高效率清潔工作得以成立。其背後是由比宗教還要強大的統率能力所推動著。

與之同時，日本變成對不嚴謹的人強烈抨擊的低包容力社會。

我覺得日本社會整體正在「學校化」。大家都必須井然有序。舉個例子來說，過去男人會將背負債務的女性納為妾，讓她的債務一筆勾消。但這種做法現在已不被容許。不過現今的日本，從經濟層面來考量，養小三本身就變得困難。因為納妾就必須照顧一輩子，有能力做到的男性愈來愈少。

在歐洲有些地方允許賣春，日本則非如此。然而現實的日本社會，仍存在有賣春的行為。日本所有的事情都很隱晦，賣春不會公開於檯面上，大家都暗著來。如此一來，不論善惡，大家在表面上都會聲稱那是不該做的事情。然後，當有人誤闖禁區，就會被嚴厲非難。正因為沒有宗教跟法律的規範，大家才會擅用個人的判斷、嫉妒與跟怨念來非難他人。日本反而變成了讓人恐懼的社會。

非難他人的外遇行為，應該就是出於那樣的心理吧。只要宗教跟法律嚴格禁止的話，外遇就不會存在。現代社會約束力逐漸消失，婚後還跟其他人談戀愛的情況增加，也不那麼不可思議。我覺得這種現象不能說好或壞，人類只是自然而然變成那樣罷了。不同的是，現在制裁外遇的不是宗教，也不是法律，而是人。

第五章

從心理學的觀點來思考外遇

不倫は心を救うか

外遇是心靈的救贖嗎？

福島哲夫（心理學者）

1959年生。大妻女子大學人類關係學系、研究所臨床心理學教授，心理諮商中心所長。明治大學文學系日本文學科畢業，慶應義塾大學社會學研究所博士課程修畢。現任東京・成城諮商所所長，致力於實踐心理療法與培育下一代臨床心理師。受到榮格學派精神分析的督導（Supervision）與教育分析的影響。主要著作有《探索自我的心理學》（廣濟堂出版）、《自我諮商心理學》、《從榮格心理學瞭解「八種性格」》（以上由PHP研究所出版）、《心理療法做得到跟做不到的事》（共同編著，日本評論社）、《有趣好懂的榮格心理學！》（Aspect出版）與其他著作。

想彌補心理空缺是人類的天性

誰都可能會墜入情網。但是，人為什麼會墜入不倫戀情當中呢？外遇的心理又是怎麼一回事？這方面我實在不太清楚。

因此，我向心理學者、臨床心理師福島哲夫請教了「陷入外遇的心理」。

心理學有很多學派，我個人的立場是以榮格心理學為基礎、綜合各家學派。於進行心理諮商時，探索來訪者的潛意識，協助對方改變與成長。實際上，如果對方沒有改變的話，日常生活的痛苦並不會減少。

來做諮商的人或多或少都覺得活得很辛苦、很痛苦。問題可能出在自己的個性或家庭等各方面，其中外遇的人也不少。雖然並不是因為外遇的問題來做諮商，但也有人是因為懷抱著某些問題而開始起談婚外情。而有外遇經驗的人，幾乎所有的人都有家庭問題。當然，並不是說有家庭問題的人就容易外遇。

其中女性特別顯著。許多女性在成長過程當中不斷承受家人精神上的傷害，長大之後「擔心會被拋棄」的不安心理強烈，有的人甚至會有自殘行為或是進食障礙。

若在十歲左右的年齡受到家人性虐待，有些人在長大後會跟不特定多數的異性保有性關係，也有自己跳入風俗業的例子。原因可能在於，小時候的她們只有在被需要、滿足對方需求的狀況下，才能感受到自己的存在價值吧。她們認為唯有透過性，才得以獲得愛或是親密關係，因此沒有同性的親密友人，也沒有可以商量煩惱的朋友。

我認為，在成長過程當中過度缺乏愛是最大的問題。雖然這只不過是一種傾向，但是在成長過程缺乏愛的人，長大之後會想要彌補那時的空缺。這個時候，男性可能會成為極端的媽寶，女性可能只對像父親一樣的老男人有興趣，或者是相反的，陷入男性恐懼症。這樣的人覺得自己不值得被愛，雖然有交往的對象，卻經常偷吃，或者是不斷地跟公司主管外遇等。雖然知道這樣不行，但因為成長過程缺愛，因此無法信任與情人之間的愛。這樣的人即便跟人建立關係也無法平撫不安，「想要更多」的心理驅使自己跟更多人發展出關係。

而另一方面，成長過程當中被溺愛、過度保護或過度干涉的人，長大後會想藉由自己支配他人（例如：家暴等）來滿足自己的心理。

這樣的人們必須好好地表達自己的想法給最喜歡的人知道，體驗深刻的情感交流。得反覆這樣的過程，才得以學到如何與他人相處。

過去我曾經遇見一位工作能力好、個性開朗，而且異性緣非常好的女性。但有的人卻說她「性生活不檢點」。我原本以為是因為她受男性歡迎，其他人嫉妒她才會被那樣說。但在某一次談話時，她卻哭著說：

「都沒有人愛我。」

我嚇了一跳，追問之下，原來她一直都被「都沒有人願意愛我」的心理折騰。她有個只差一歲的姊姊跟一個年齡差很多的弟弟。她從小就覺得爸媽只寵姊姊跟弟弟，自己不被疼愛，抱著這樣的煩惱長大成人。雖然並沒有被父母虐待，但是她一直都覺得「自己是不被需要的小孩」。

我經常跟換對象跟換衣服一樣快的人說：「從浪女變成萬人迷吧」（笑）。男性也是一樣，從淫蟲變成萬人迷是可能的。我曾經為某位男性做心理諮商，他的案例反而教了我很多，成為我往後諮商時的經驗基礎。跟無法相信愛情而感到痛苦的他相遇時，我跟他說：「以成為風情萬種的男人為目標，然後一邊尋找適合自己的戀愛對象。」以此作為諮商的方針。他跟各種人交往，逐漸瞭解自己適合怎樣的人，然後，理解到自己同時也是站在被選擇的立場，最後邂逅了能夠相互扶持的對象。

也有女性覺得自己沒人愛而感到不安，就隨便跟男人交往，甚至陷入外遇的泥沼中，但最後選擇了最適合自己的對象，彼此相愛結婚。這種類型是蕩婦變成萬人迷的例子。是否能夠彌補缺愛的經驗而成長呢？還是就此停留在風情萬種的階段，不斷地跟不特定多數的對象發生性關係呢？對那個人而言是人生的重大問題。自己一個人悶悶不樂，遲遲無法向前邁進的時候，跟我們這樣的心理諮商師聊聊，說不定可以找到突破的契機。

覺得「自己不值得被愛」的人們

外遇的人當中，有的例子是以反正對方最後不會選擇自己為前提，所以才陷進去。當事人自己可能沒有意識到，但深談之下就透露出「雖然希望對方選擇自己，但知道對方不會做出這樣的選擇，所以只維持外遇的關係就好」這樣的真實心情。這樣的情況又以跟已婚者交往的單身女性居多。內心當然希望對方選擇自己，交往然後結婚。然而，只要行為涉及「選擇」，就一定會產生結果。因為害怕選擇跟結果，所以不斷逃避。這也跟對人的不信任感與自卑的問題有關。在成長過程中如果不曾遇到貴人，或者是沒有努力克服困難的經驗，很容易陷入「自己不值得被愛」的泥沼當中。

而另一方面，不想去思考愛的人也持續增加。一旦去想「愛是什麼」這個問題，不免覺得沒有人真心愛著自己，而感到非常寂寞。也因此，大家都避而不談、不深入思考。

解離性障礙（Dissociative Disorders）的患者人數也不斷增加。特別是被過度嚴厲的父親或極度情緒不穩定的母親養育長大的人容易有這方面的問題。例如，被某件事激怒而說出很傷人的話，事後自己卻什麼也不記得。可能只是幾分鐘而已，人格在那段時間分裂了。在這種趨勢下，我們也看到很多解離性外遇的例子。像是將自己的內心劃分成兩半，外遇時的自己跟平時的自己宛如另一個人格，但這絕對不是刻意如此。現代社會充滿了壓抑跟壓力，想要「普通的」生活是件非常困難的事情。

想法悲觀的人很多，可能是因為在成長過程中，除了父母親之外的重要他人愈來愈少的關係吧。除了父母親之外，如果身邊有其他接受自己所有一切的人，例如：兄弟姊妹、親戚，或是鄰居的爺爺奶奶等，應該就有避風港可以停靠。但是，那樣的人並不存在，因此父母就是一切，變成不可撼動的存在。

時代的潮流也是原因之一。現代社會只追求理性跟效率，導致人們沒有太多時間可以好好地跟別人相處及建立較深入的關係。

兩極化的年輕人

我在女子大學教書，覺得現在的學生們逐漸走向「即便跟多位異性交往也無法滿足」跟「不需要情人」兩個極端。也就是說，有的人一直在談戀愛，但與之同時，處女比例也很高。在國際學會等場合，當歐美學者知道日本的現狀時都感到非常驚訝。

我時常覺得，有許多孩子在被養育的過程當中並沒有獲得足夠的關愛。曾經有位母親帶著就讀高中卻「不願意上學」的女兒來做心理諮商。那位母親從事的是知識密集的工作。然而，進行諮商時，她卻對女兒的情況毫不關心，自顧自地滑手機。事後我問那個女兒：「妳的母親一直都是那樣嗎？」她說：「媽媽好像背著爸爸跟其他男人交往」。

外遇，也就是婚姻之外的戀愛，於人類歷史上不斷重演，就我個人來說，為了維持心理的平衡、填補內心的空缺，實在無法斷言外遇是絕對不可以的。但是，那位母親的態度真讓我有點吃驚。就算無法停止外遇，身為大人至少應該負起責任，不要給孩子添麻煩才是。如果因為自己談戀愛，而無法提供孩子充足的愛的話，就沒有外遇的資格，不是嗎？

明明是外遇，但是當情人提出「分手」時，有的人會變成跟蹤狂，甚至演變成凶殺案。那可能是佔有慾跟嫉妒作祟，我覺得身為大人還是需要冷靜以對。

依據不同的觀點，對「外遇」的看法也會有所不同。

人類學的觀點認為愛情會在四年之內結束。人類學者海倫．費雪（Helen E. Fisher）在她的暢銷書《愛慾——婚姻、外遇與離婚的自然史》當中也寫到：「愛情會在四年之間煙消雲散」。在大自然的世界當中，雌雄動物的關係只是暫時的。用自然法則來解釋人類行為的話，生產、養育小孩告一個段落時剛好是四年左右吧。從這個觀點來看，人類作為動物，會外遇似乎可以理解。

順帶一提，過去世界上曾經有好幾個自由性愛的社區，但最後幾乎都失敗了，可能是因為人們無法跨越佔有慾跟嫉妒吧。從社會學的觀點來看，也可以說，無論是男還是女，都為了展現自己的男子氣概與迷人魅力而外遇。另一方面，於日本社會嫉妒跟非難的壓力愈來愈大，正因如此，外遇才會引起軒然大波。

我個人既不肯定，也不否定外遇，因為那是現實社會中「實際存在的現象」。

只是，對外遇者的抨擊如此猛烈，讓人不禁思考那背後的機制。難道人們都過著如此聖潔崇高的生活嗎？就算已婚也可能墜入愛河，單身者受到已婚者的吸引應該也不足為奇。然而，日本社會卻無法容許這些可能性，這社會的真實面貌令人畏懼。

人們為什麼談戀愛呢？

我們很容易認為「人當然會談戀愛」、「喜歡上人是理所當然的」，但歸根究柢，人們到底為什麼談戀愛呢？

心理學還沒有釐清這個問題。其實，現代的各種科學始終無法完全解答「為什麼」的問題，因此致力於回答「如何」的問題。不過關於這個問題，倒有很多種假設。

例如，動物背負著複製、修復DNA，跟增加子孫數量的宿命。為此，人類會想要跟擁有自己所沒有的免疫功能的異性相戀，繁殖後代。所以人才會談戀愛吧。

又或者是，為了找到相符合的依附類型（attachment style）的親密對象，獲得滿足與安全感，因此相戀。依附是指心理學或演化學當中的「依戀」，例如，為了讓孩子的社會化與心理發展正常，必須在與養育者維持親密、依戀關係下成長。若非如此，孩子長大之後人際關係或親密關係可能會出現問題。人有可能是為了彌補兒時缺乏的依附關係而談戀愛。

如此一來，可以從「異質性與同質性的邂逅情況」來思考戀愛。順帶一提，同性戀者有許多人個性都比較敏感，因此也可以說，因為無法忍受異質性而選擇了同性。

這邊我有個疑問。人們渴望的是可以互補、彌補空缺，還是相似、可以加乘自己的對象呢？

在生物學上，為了擴大後代的免疫功能，很明顯的是後者，選擇可以加乘自己的對象。從心理學來看，人因為害怕寂寞，因此會渴望他人的陪伴，就這個意思上也是選擇加乘。但是，如果從「為什麼是這個人」的角度來看，有很多人可能是想要填補自己的空缺。

這個時候，如果自己的空缺是三角形，卻來個四角形的東西，那是不可能補得起來的，不是嗎？那些不需要諮商、心理狀態健全的人，他們在尋找戀愛對象時，也會無意識地往三角形的方向去尋找。這種模式的戀愛可能會比較順利。

另一方面，應該有很多人在二十多歲時不斷談著彌補自己缺陷的戀愛，那樣的時期結束之後，轉變成加乘自己的戀愛。既然要談戀愛的話，選擇可以提高幸福感、加乘自己的對象比較好。

人容易受到能夠投射內心理想的對象吸引。「一見鍾情」或許就是這麼一回事。也有人充滿熱情地說著，初次見面的瞬間「好像被雷打到」、「這絕對是命運的牽引」，但那並不是加乘式的戀愛，只是投射內心理想所造成的錯覺罷了（笑）。

所以，那樣的人過一陣子就會說：「對那個人感到幻滅」。不只是一見鍾情，大多數的戀愛都是從錯覺開始，隨著相處時間增加，就會開始認知到這件事。為了擺脫錯覺，要不是尋找下一個對象，或是接受對方真實的樣子。某種意義上是種必經的過程。

我個人認為，如果自己內心深處的「缺陷」跟對方的缺陷相互吸引的話，會讓人深信沒有其他人像對方這麼懂自己，一開始會呈現乾柴烈火之勢。但本來就是受到缺點吸引的，所以那個缺點會愈來愈大。不看彼此的優點、積極面，最後走到生死的交叉路口。

我認識一位從那樣的戀愛懸崖勒馬的朋友，他說：「如果一直那樣下去的話，我們恐怕會一起殉情吧。」那可能是彼此以扭曲的方式，想彌補內心空缺而帶來的副作用吧。

什麼人容易外遇？

愛情心理學有個「SVR理論」。這是社會心理學家莫斯坦（Bernard I. Murstein）所提出的理論，他認為選擇結婚對象的過程，會經過以下三個階段強化彼此的關係。

刺激階段（Stimulus）：從邂逅到戀愛初期的階段。在此階段會受到對方的外表、聲音、性格與社會聲譽等刺激所吸引。

價值階段（Value）：展開戀愛關係的階段。在此階段彼此共享相同的興趣與價值觀很重要。

角色階段（Role）：結婚或開始一起生活的階段。於此階段彼此瞭解雙方的角色，重視互補關係。

戀愛都脫離不了這樣的進展過程，雖然很難辨別清楚自己位於哪個階段。關於愛情還有一個理論，是由加拿大社會學家李約翰（John Alan Lee）所提出的六種愛情型態。

依附之愛（Mania）：佔有慾強，伴隨著嫉妒、執念與哀愁等激烈情感的愛情。

情慾之愛（Eros）：認為愛情至上，推崇羅曼蒂克式的愛情。重視外表，容易一見鍾情。

利他之愛（Agape）：考量對方的利益，不惜犧牲自己的愛情。

友誼之愛（Storge）：投注長時間培養，是穩定、如朋友般的愛情。

現實之愛（Pragama）：將戀愛當成是提升地位的手段，挑選對象的條件會以門當戶對的社會地位等條件為基準的愛情。

遊戲之愛（Ludus）：將愛情視為一場遊戲，重視享受的愛情。並不執著於對方。

容易外遇的人，在SVR理論永遠處於S階段，也就是持續追求刺激愛情的人；如果以李約翰的六種愛情型態來看的話，應該就是追求「依附之愛」、「遊戲之愛」的人吧。雖然並非全部的愛情都可以劃分成這些類型，卻相當有趣。

為何難以擺脫外遇？

有不少人無論自己單身或已婚，只跟已婚者交往。即使付出過慘痛的代價，還是繼續談婚外情。為什麼會這樣呢？

如同前述，戀愛很多時候從錯覺開始。應該有不少人都曾經將自己心中的理想情人、理想戀愛投射於他人身上吧。這是年輕的時候常有的事。脫離那樣的狀態，才會找到適合自己的對象。

但是，外遇因為無法獨佔對方，也無法進入下一個階段成為伴侶，因此變得很難發生幻滅跟脫離錯覺。一旦長時間相處，應該很容易發現對方的缺點或不合的地方，但是外遇是不能一直在一起的。這樣講可能有點不太恰當，外遇某種意義上也是「各取所需」的關係，所以才會難以擺脫外遇關係。

如果把外遇當作是純粹的戀愛，它可以無須背負如結婚這種必須接受對方的人生與命運的重擔。這也是外遇之所以一再發生的主要原因。再者，相對於戀愛時「對方搞不好不會選擇自己」這種嚴格的挑選，正因為有「最後不會選擇自己也是理所當然」的安全感，所以才會陷進去。然後招致「明知是外遇，卻不知不覺地陷進去，無法自拔」的結果。

從現代心理治療法的角度來看，會認為外遇跟夫妻感情不睦的原因是源自於兒時「親密關係依附的失敗」。而近年來，體驗型的心理療法備受矚目，透過跟治療師之間的互動，再次體驗、修復過去未曾獲得的依附關係。

像是跟著治療師一起進入「依附關係的繭」當中累積經驗。也就是說，回到幼兒時期，修正情感。如果跟父母之間有痛苦的記憶，就讓被治療者理解「完全不是你的錯」。另一方面，讓被治療者想起父母好的地方。然後，詢問：「你想跟當時的自己說些什麼呢？」的問題讓被治療者回答。花時間修正負面的記憶，逐漸減少心中的痛楚。

從很多例子都可以看到，這個治療法能夠降低對情人或配偶的不信任感或是想要出軌的想法。

最近「有毒父母」或「有毒母親」的問題不是吵得很熱嗎？實際上，我經常遇到在那樣的家庭長大、身受其苦的孩子們。

無論是誰跟父母之間多少都會有討厭的回憶。那有可能是父母愛的方式跟孩子的期望有所出入，或是父母情緒化拿小孩出氣，而父母大多不會記得這些事情。大家都是在挫折與痛苦當中長大的。

然而，現在的情況跟「大家都曾經歷過的親子關係」的性質不同。就我所知的案例，有位年過二十的女性找我商量她的煩惱。她跟母親吵架，但無論她再怎樣流淚道歉也不被母親所原諒。母親激動地怒吼著：「我絕對不會原諒你！」這已經超出母女吵架的範圍了。也有母親從小就不考量女兒的心情，一切都由自己決定，即使女兒長大也未見改善。這也是超出了過度干涉的範疇。

我曾經在懇親會上遇過一位母親，她看起來應該是五十歲左右，從碰面一開始她就一個人持續講了二十多分鐘，她完全不問我孩子在學校的狀況。有這樣的父母親，孩子真的很辛苦。如果從小就一直跟這樣的父母在一起的話，孩子的精神狀態應該會變得很不穩定吧。

被這樣的父母養育長大的女性，會期望戀愛對象的男性可以像母親一樣緊緊抱住她。也就是向男性尋求母愛。然而，並不是說男性就沒有母愛，但因為對方是男性，無法「像母親般」照顧自己。這樣的期望無法被滿足，因此感到痛苦的人很多。

也有健全的外遇關係嗎？

就像是沒有絕對的健康一樣，因此也不可能有絕對完美的成長經歷。雖然不知道什麼叫做「普通」，但是戀愛總是諸事不順時，思考一下自己跟父母親的關係與成長環境應該不失為一個好辦法吧。即便關係無法修正到完美，但透過再次體驗過去的經驗，應該可以修正扭曲的記憶，或者是跟痛苦的記憶拉開一點距離。

我並沒有打算從善惡的角度去討論外遇。我覺得一夫一妻制恐怕只是因為比起其他制度比較好，所以才變成主流型態。

然而，現實問題是，有不少人雖然結了婚卻談婚外情。

我的男性朋友中也有人曾經外遇。他非常重視家庭，但跟很多夫妻一樣有著無性婚姻的煩惱。結婚久了，即便他主動跟妻子示愛求歡也被拒絕。剛開始被拒絕時讓他覺得鬱悶，感覺自己好像被妻子拒於千里之外。但是長時間下來，無性生活也是會習慣的。他們還是如家人一般，他很清楚他對妻子的愛並沒有減少。

就在那個時候，愛情悄悄地來到他身邊。對方也是已婚。他當時非常煩惱，猶豫著該不該去談這場戀愛。如果被發現的話，會讓重要的家人感到悲傷，也可能會失去社會地位。那個時候他判斷的基準是「對方口風是否夠緊?是有分寸的人嗎?」他認為，如果對方也跟自己一樣重視家庭的話，應該就可以讓這段關係僅止於戀愛吧。當然，他說性愛的契合度也是另一個重要因素（笑）。

不過，那場戀愛大概兩年左右就結束了。對方主動提說：「我覺得差不多該結束這段關係了」。那個時候，的確他也覺得已經沒有當初戀愛時心怦怦跳的感覺。雙方的情緒都很穩定，也覺得彼此心靈契合，可以說是相當棒的關係。雖然分手的時候很難過，但就像對方所說的，那應該是結束那段關係的最佳時機點吧。對方是個有分寸的人，而他也接受那樣的她。

聽了這段故事，感覺這樣的外遇其實不容他人說三道四。也讓我覺得某種意義上，「外遇真的是純愛」。跟單身人士不同，外遇的目的不是結婚，所以才能靠著兩人對彼此的愛走下去。雖說如此，但即便是純愛，如果彼此的關係拖泥帶水，也不會有什麼好結果。

填補內心的缺口，找回心靈的平衡之後，別忘了在無法抽身之前收手。不給任何人添麻煩，這可能是身為大人的智慧吧。

第六章

從性學的觀點來思考外遇

人能夠一輩子都跟同一個對象做愛嗎？

人は一生、同じ相手とセックスし続けられるか？

宋美玄
（婦產科醫師）

1976年出生於兵庫縣神戶市。就讀神戶女學院大學附屬高中，大阪大學醫學系畢業後，擔任婦產科醫師。曾於川崎醫科大學擔任講師，後赴倫敦留學，鑽研胎兒的診斷與治療。2010年出版暢銷書《女醫師教你真正愉悅的性愛》（Bookman社，台灣由究竟出版），除了臨床診療之外，也開始於電視與雜誌上傳遞女性健康等知識。2015年第二個孩子出生，成為兩個孩子的媽。現在摸索著如何兼顧育兒與工作，持續進行診療跟研究。

人的性欲並非由性荷爾蒙所控制

人們經常說，談戀愛會刺激女性荷爾蒙的分泌，使女人變美。很多女性也深信不疑。但實際上，人類究竟被「荷爾蒙」控制到什麼程度呢？荷爾蒙跟外遇有關係嗎？我向在婦產科服務，無論公私場合都接到許多性關係諮詢的宋美玄醫師一探究竟。

荷爾蒙由人體內特定的器官所合成、分泌，並透過血液等體液在體內循環，影響特定細胞的活動，是一種生理活性物質（Physiologically active substance）。

截至目前為止，已發現人類有一百種以上的荷爾蒙。在那之中，有被稱之為男性荷爾蒙跟女性荷爾蒙的性荷爾蒙，也有亢奮時會分泌的多巴胺與腎上腺素等。

普遍認為人類的性欲受到荷爾蒙的控制，但我覺得未必如此。如果人的性欲受到荷爾蒙控制的話，女性應該會在最容易受孕，也就是性荷爾蒙大量分泌的排卵期想要做愛才對。然而，許多沒有計畫要懷孕的女性，性欲旺盛的時期不是在排卵期，反而是在難以受孕的月經來潮之前。如果是動物的話，會在發情期排卵，然後交配受孕。但是，人類掌管理性的大腦新皮質勝過本能，因此在排卵期不會想做愛的例子不勝枚舉。另外，戀愛的時候多巴胺等腦內荷爾蒙會增加，但女性荷爾蒙並不會增加。

人類不分男女，都同時擁有男性荷爾蒙跟女性荷爾蒙，對身體產生各種影響。

男性荷爾蒙有睪固酮、雄固烯二酮跟去氫表雄固酮，這三個種類統稱為「雄性激素」。健康的男性每天大約會分泌七毫克的雄性激素，影響男性特有的肌肉發達體型與思考迴路。

另一方面，女性荷爾蒙則有動情激素（雌性激素）跟助孕素（黃體激素）兩種。即便一輩子分泌的女性荷爾蒙非常少，但是卻會對身體帶來強烈的影響。動情激素是經期結束到排卵前分泌的荷爾蒙，會影響排卵。助孕素會在排卵後分泌，其功能是抑制排卵，另一方面，為受精卵順利於子宮著床做準備。

這些性荷爾蒙分別由男性的性器與腎上腺，女性的性器與腎上腺所製造。順帶一提，女性停經之後，即使卵巢的功能衰退，腎上腺也不會停止分泌性荷爾蒙。

男性荷爾蒙跟女性荷爾蒙各自擔任許多不同角色。除了剛才提到的功能之外，例如，男性荷爾蒙會促進皮脂的分泌與體毛的生長、提升性欲，跟協助蛋白質儲存至內臟與肌肉等。女性荷爾蒙則有形成女性豐滿圓潤的體態、控制生理週期與懷孕、維持美麗健康的秀髮與肌膚、控制食欲、平衡自律神經、維持記憶力、保持骨頭的強度等功能。女性停經之後容易骨質疏鬆，原因之一就是女性荷爾蒙減少。

四十多歲的已婚女性為何較常外遇

跟性欲最有關係的是男性荷爾蒙的睪固酮，但掌管性欲的不只有睪固酮。四十多歲的已婚女性外遇多，除了荷爾蒙之外恐怕有其他理由吧。

這裡想再次強調，人類並沒有那麼受到性荷爾蒙控制。若荷爾蒙真能提高性欲的話，對象是丈夫也好，根本就不需要外遇不是嗎？但是，外遇女性的大腦對丈夫已經沒有欲望，所以才會外遇。

無性婚姻諮商的主題，一開始是以「丈夫都不把我當成女人來看」的煩惱占大多數，但現在則是女性「不想跟丈夫做愛」或「無法把丈夫當成男人來看」為主。雖說如此，也不代表是夫妻關係險惡。丈夫是生活上的伴侶，只不過不是性伴侶罷了。

我認為不必然一定得要求一個人同時兼具生活伴侶跟性伴侶兩種角色。因為夫妻之間的愛是會質變的。當孩子出生之後，男女情愛理所當然會轉化為家人之間的愛，不需要去認定夫妻之間就一定要保持男女關係吧。

我身為失落世代的一份子（註），觀察到很值得注意的一點是，現在活躍於「外遇市場」的，多是四十歲至五十歲泡沫經濟世代的人們。

註：指日本九〇年代泡沫經濟結束後剛好進入社會的新鮮人世代，他們面臨經濟蕭條，生活失去重心與目標。

我時常覺得我們的想法跟泡沫經濟世代的姊姊們差很多。不論是好是壞，她們的欲望都很直接且不擇手段（笑）。因為打從年輕就沉浸在「戀愛是好事」、「應該要不斷追求愉悅性愛」這樣的觀念裡，很多人在孩子長大之後，以「外遇」的形式滿足想談戀愛的欲望。然而，現今草食化二十多歲的世代到了四十多歲時，是否會像泡沫經濟世代一樣外遇呢？我覺得要打上問號。

另一方面，我時常覺得現在二十多歲的世代真的不太一樣。這個世代的年輕人，出生時社會因為經濟不景氣而死氣沉沉，他們的打扮也樸素保守。大學生都不怎麼愛打扮，女性時尚雜誌似乎也逐漸不以學生為目標讀者群。行走在學生聚集的街道時，確實看不太到花大錢治裝打扮的女學生。

我曾經接受過名古屋愛情賓館雜誌的採訪。即便是汽車大廠豐田大本營附近的名古屋市，年輕人擁車率卻非常低，因此年輕人不會上愛情賓館。聽說消費的都是中高年齡層的外遇情侶。這樣下去二十多歲的世代總有一天也會外遇嗎?我則是充滿了疑問。

我自己本身一邊工作,一邊帶著兩個尚在襁褓中的孩子,無法一個人隨意外出小酌,當然也沒在想婚外情這種麻煩的事情。不過我偶爾會妄想著,十五年後有時間可以一個人去小酌一番的時候,如果遇到意氣相投的男性,搞不好也會想要玩一下。

結婚之後只能跟同一個異性做愛,這件事本來就有點強人所難。如果一直跟同個性伴侶,一般人應該會覺得對方的性吸引力下降,興奮不起來也是很正常的不是嗎?提不起性欲,當然就做不起來,夫妻之間變成無性生活也是可以理解的。把一夫一妻制硬塞給人類也是徒勞,出現逾越一夫一妻制框架的人是理所當然的。

據說,日本的性觀念本來是相當開放的。我曾經有個經驗讓我了解到那是真有其事。大約是四年前，我參加了於島根縣出雲市舉辦的亞洲大洋洲聯合性學會議，在那個會議當中有個報告是出雲高齡女性們的訪談研究。報告當中，有位女性的證言，讓我吃了一驚，她說：「我年輕時幾乎每天都跟不同的男性做愛。」我曾聽說，日本的某些地區，過去曾有祭典當晚可以跟任何人做愛的風俗習慣。如果因此而懷上孩子，會由村落全體共同扶養。日本原本的性觀念說好聽點是開放，也就是說，性觀念比較沒有那麼嚴謹。但到了近代之後，突然之間性愛變成是「為了生小孩」，或者是必須要有「貞節」觀念。對當時性規範寬鬆的人們而言應該是相當驚人的轉變吧。

景氣跟性欲有連鎖關係嗎？

如果把人當作是生物來看的話，男性跟女性荷爾蒙分泌最多的年輕時期性衝動最為強烈，絕對不會是在四十多歲的時期。性衝動最為強烈的時期，具體而言是在十五歲到二十多歲的年齡層，對於身為動物的人類來說，在這個年紀結婚生子才是最正確的吧。但是，受制於現今日本的教育制度跟就業問題，根本就沒辦法那麼早結婚生子。

社會的制度與習慣跟人類的身體合不來。拿這個來當例子，學校的學習指導綱領這麼說：「高中生不應該有性行為」。雖然學校會教保險套的使用方法跟性病等知識，但卻完全不碰作為前提的性衝動、性行為，或是戀愛情感等內容。現實世界中的高中生處於對性最感興趣的年紀，會戀愛也會做愛。日本社會卻不願正視這個事實，所以才會發生奇奇怪怪的事情。

不久之前，京都一所高中才發生體育課時強迫懷孕中的女學生進行操演的事件。那個事件似乎是彼此有所誤會，但校方應該完全沒料想到高中生會懷孕吧。即便民法上規定女性滿十六歲就可以結婚。

無論是學生還是社會人士，就經濟能力或社會資源而言，日本社會對女性都不友善。經濟長期不振，薪資水準低落，男性也因長期無償加班而身心俱疲，甚至被稱呼為「黑心企業日本」。

即使結婚，有了小孩之後，想要找到一間托兒所並不是件容易的事。女性一旦請產假跟育嬰假，很有可能會失去飯碗。所以有工作的女性找不到合適的時機點生小孩。結果，直到三十五歲之後不是未婚就是沒生小孩。明明現實狀況如此，政府卻說：「女性拖拖拉拉、悠悠哉哉的，所以晚婚超過生育年齡，才會造成少子化。」實在讓人困擾。現今少子化的問題又不是女性造成的，是社會結構造成的。把少子化問題嫁禍給女人，這種邏輯讓我覺得憤怒。

我一直以來都主張「性欲景氣連鎖效應」。如果薪資水準提高，人們自然會想要結婚、生小孩。但如果薪資低，不知道什麼時候會被裁員，或者是根本就不是正職員工，別說是結婚了，根本沒心思談戀愛。現實社會中的男性是否能夠結婚，跟是否為正式僱用員工有很大的關係，非正式僱用的男性未婚率非常高。對女性而言，正式僱用的男性數量有限，因此會引起爭奪大戰，只有獲勝的女性才能走入婚姻。總而言之，現在的日本人活得很辛苦。

演變成這種情況，女性開始思考凍卵的必要性。在美國也很流行女兒大學畢業之後，父母就出錢讓孩子去做凍卵。卵子冷凍的話大概可以保存十到十五年，年輕時是最佳的取卵時機。只要保存好，就可以安心衝事業。在日本凍卵的女性目前還不多，但持續增加。不久的將來，凍卵可能會變成理所當然的吧。若真是如此，無性生活的情況恐怕會更進一步加劇。

美好的性可以滿足心靈嗎？

美國佛羅里達農工大學的研究人員傑克森（Adrienne Jackson）針對兩百三十八位六十五歲以上的已婚者進行了一項有趣的研究調查。過去一年沒有性行為的受試者當中，覺得人生整體而言是「幸福」的為百分之四十，相較之下，一個月有一次性行為的人，有百分之六十覺得「非常幸福」。另外，於婚姻滿意度的調查之中，相對過去一年沒有性生活的夫妻百分之五十九回答「滿意」，一個月有一次性行為的夫妻則有百分之八十回答「非常滿意」。性似乎能夠讓日常生活更有生氣與活力。

雖然這是針對夫妻的調查，但即便是外遇，也有享受性愛跟並非如此的人，不禁覺得他們心靈的滿足感應該有所差異。

很多女性說：「我不是很喜歡做愛」。不少女性雖然來做無性生活的諮商，卻表示即使丈夫求歡也不想做。她們說自己不喜歡做愛，我覺得這並不奇怪，因為沒有體驗過舒服的性愛，當然不可能喜歡上做愛。

但是，覺得不喜歡做愛也沒關係的女性並不多。女性對「凌駕一切的快感」抱有強烈的憧憬。甚至有人說：「不想要不知高潮是何物就老去」、「這樣我會死不瞑目」。偶爾會從那樣的女性口中聽到在外遇初次嚐到快感。為什麼外遇可以刺激性快感呢？

女性大概從十多歲到二十多歲左右開始有性經驗，如果性行為的對象是同個世代的話，這個時期的男性剛好是男性荷爾蒙最旺盛的時期，根本沒有思考技巧的餘力，滿腦子就是「想要插入」。另一方面，那個年齡的女性很多都還沒有好好意識到自己的性欲，卻要單方面配合男性的性欲，結果當然不會是「舒服的性愛」。

在那樣的狀態下結婚生子，度過一般而言最忙碌的育兒時期三十多歲之後，來到四十多歲時，時間與精神上總算多了些餘裕。這時如果跟同年齡層的男性相識的話會發生什麼事呢？男性也終於不像年輕時被性欲所支配，會在意女性是否覺得舒服，有餘裕可以體貼性伴侶。跟那樣的男性做愛的話，女性比較可以得到性快感。有很多四十多歲的女性說「在外遇第一次體驗到性愛的美好」，外遇關係之所以繼續維持，應該是根據這樣的脈絡吧。

感受到快感時腦部會釋放出催產素等愛情荷爾蒙，因此會變得更喜歡對方。獎賞系統（reward system）的荷爾蒙容易讓人「還想要」，所以一旦跟性事合拍的男性外遇的話，關係可能會維持很久。外遇某種意義上是「各取所好」，也就是說，只給對方看自己好的地方，這也是外遇關係可以長久維持的原因之一。

過去曾經有位男性跟我說：「外遇是純粹的戀愛。彼此都是單身的話，雙方內心都會有想結婚的意圖，但雙方都是已婚的話，連結彼此的只有愛情。」但我無法理解那位男性所說的話，因為如果真是純粹的愛情，結婚後彼此的愛應該不會消逝，可以白頭偕老不是嗎？結果他被發現外遇，離婚且失去工作。我偶爾會想起他，不知道他現在是否還相信外遇是純粹的愛情？如果把外遇當成是「方便的戀愛」的話，我還比較可以理解。

有位女性，她在結婚前就跟某個已婚男性交往，結婚後也持續來往，後來發現對方除了自己之外還有好幾個外遇對象而氣憤不已。雖然知道對方有妻子，但覺得自己好過妻子而有優越感，因此無法接受對方竟然腳踏多條船。我認識很多腳踏多條船的男醫師，雖然女性也不一定只跟一個人搞外遇，但知道這種情況，對那位女性而言應該是很大的打擊吧。那個事例讓我看到了外遇女性的複雜心理。

生下外遇對象孩子的女人們

綜合我以醫師身分進行的諮商，以及從朋友們聽來的故事，外遇的人非常多，而且不分男女。就女性的例子來看，不少人懷上外遇對象的小孩，有的會來做人工流產，同時把小孩生下來的例子也很多。

只不過，不可思議的是，即便現在這個時代，男人還是深信只有自己的妻子不會外遇。「女人會偷吃嗎？男人倒是會啦。」外遇對象一個換過一個的男性竟然說這種話，真讓我驚訝（笑）。我回他說：「你外遇的對象是誰？不是女的嗎？」

在婦產科的第一線，曾經遇過懷孕中的婦女希望做羊水DNA採樣，進行親子鑑定。現在有專門做親子鑑定的公司，只要從羊水採取到胎兒的細胞，就可以知道是否為丈夫的孩子。那位女性雖然決定要生下來，但想要知道那是丈夫還是外遇對象的孩子。

聽說有很多懷有身孕的女性也會問醫師：「這是什麼時候的性行為懷上的呢？」推估出受孕期間後，有的女性會鬆一口氣說：「啊啊，那個時期只有跟丈夫做，太好了。」

當然，也有人不會跟醫師說那些，自己默默生下來。還聽說過，雖然伴侶是日本人，但是卻生下皮膚黝黑的孩子，那種情況就紙包不住火了。但是在生產之前，不斷祈求「希望是丈夫的孩子」的女性還真不少。某位負責指導助產士的女性說：「現在這種世道，我都指導學員們，孩子一出生就要馬上說：『跟爸爸好像喔』。」當男性相信孩子是自己的那一刻起，才開始成為父親，因此跟對方的先生說「好像爸爸喔」是很重要的。只不過，現在這個年代，不只是要強化男性作為父親的自覺，其背後也有不得不讓男性如此相信的原因。

以前小孩一出生，就會從臍帶採樣確認血型，但現在不會調查血型了。除了生病必須輸血的情況，知道新生兒血型已沒有太大意義。因此，無法在孩子一出生時馬上從血型來判別是否為丈夫的孩子。聽說也有女性會刻意找跟丈夫同血型的對象外遇。生下外遇對象孩子的比例，恐怕比想像中來得高。

聽說在歐洲某個遺傳性疾病的研究，因為樣本當中大約有百分之五到十為非婚生子，因此無法將研究結果公諸於世。就我聽到的各方傳聞，日本好像也一樣。雖然不知道實際狀況為何，但出世的嬰兒應該有幾個百分比不是丈夫的孩子吧。會外遇的不是只有男人。男人可以有私生子，女人也可以產下非丈夫的孩子，因此在某種意義上可能是平等的吧。

但是，我個人認為即使外遇無法踩剎車，至少也該避孕。我曾經碰過年過四十的外遇女性說：「沒想到竟然懷孕了」，不做好避孕真的不行。現在有低劑量的避孕藥，也有名為蜜蕊娜的避孕環可以使用。

只要不忘記服用避孕藥就可以確實達到避孕效果，但吃避孕藥會提高靜脈栓塞的風險，因此有危險因子（四十歲以上、體型因素跟抽菸）的人不推薦吃避孕藥。而避孕環則幾乎沒有副作用。避孕環含有黃體激素，置入子宮內後，效果最長可以維持五年，還可以調整月經不順跟月經過多。避孕環跟避孕藥有相同的效果，但是卻不會提高靜脈栓塞的風險，特別是有生產經驗想要避孕的婦女，可以跟醫師商量看看是否要裝置避孕環。

順帶一提，因為避孕環會緩慢釋放出黃體激素，因次也可以作為更年期補充荷爾蒙的療法。荷爾蒙補充療法需要同時補充黃體激素跟雌性激素，因為黃體激素已經透過避孕環補充了，之後只要將果凍狀的雌性激素塗至身體即可。

將生活伴侶跟性伴侶區分開來

老實說，我個人對外遇沒有興趣。風險很大，也懷疑到底意義何在。我知道社會上有很多人外遇，個人雖不支持，但將「不可以外遇」這種社會規範強押於個人身上，為他人定罪是錯的。比起外遇的人，我反而比較在意非難外遇者的人們。

如前所述，我覺得把生活伴侶跟性伴侶分開來不是很好嗎？假設一個情況，丈夫蠻橫地覺得「結婚就是賦予自己想做愛就做愛的權利」。不得不配合那樣的丈夫一起生活的女性，在某個時刻喜歡上其他人，享受了療癒身心的性愛，沒有理由該被任何人苛責不是嗎？

我認為外遇至少要遵守不傷害任何人的原則。那是說，只要不被發現就好了嗎？這個問題實在難以回答，也只能建議大家以成熟的處世之道來判斷了。如果外遇能讓一個人的人生愉快、生氣勃勃的話，我覺得也沒什麼不可以。

很明顯的，外遇不是用法律就可以解決的事情，也不是高高在

上置喙他人的理由。因為各種原因而過得辛苦的人，在外遇當中獲得短暫的幸福療癒時光，讓我不禁覺得，這真的是絕對不應該做的事情嗎？

人類在本質上搞不好是偏向自由性愛的。因為婚姻制度不是人類誕生於這個世界上就有的東西。在一夫一妻制普及之前，男女關係不是很寬鬆嗎？

最近我聽說有女性以提供外遇性服務收取費用。說她們是「賣春主婦」可能有點過於聳動，因為當事人其實並沒有想太多。跟偶然認識的男性做愛，然後收下謝禮，覺得原來做愛可以獲得謝禮啊，就持續做下去這樣而已。

可以想見那樣的女性應該有很強烈被認可的期望。雖然政府老是說，要創造讓女性活躍的社會云云，但實際上女性可以大展身手的地方非常少。扮演母親或妻子的角色、做得再怎麼完美也會被認為是理所當然，女性在結婚之後少有機會被他人誇獎讚美。搞不好發展外遇也是一種滿足想被認可欲望的行徑。

不論是男性還是女性，當各種條件都符合的情況下，就可能會外遇。我並沒有打算針對外遇下任何善惡判斷。我只是不想用那種簡單的說法去非難從「制度」偏離的人們而已。

基因決定戀愛

恋愛は遺伝子に
左右される

第七章

從行為遺傳學的觀點來思考外遇

山元大輔

（自然科學博士）

東北大學生命科學研究所教授。1954 年出生於東京。東京農工大學農學系，同大學農學研究所碩士畢業，自然科學博士。1981 年至 1983 年間於美國西北大學醫學系擔任博士後研究員，歷任三菱化學生命科學研究所長，1999 年早稻田大學教授，2005 年起任現職。研究領域為行為遺傳學。發現追求同性的黑腹雄果蠅突變種 Aatori。持續研究基因，逼近生物性愛與行為的真面目。著有《行為有多少是先天遺傳？》（SCiENCEi 新書）、《想外遇的大腦》（小學館）與《男女之間為何相互吸引？》（中公新書 LaClef）等書。

一切都是由基因決定的嗎？

外遇是否深受基因影響呢？

就像是有「性別決定基因」一樣，搞不好也有「外遇決定基因」，讓有些人怎麼樣也逃不了外遇這條路。抱著這樣的疑問，我採訪了行為遺傳學專家山元大輔。

外遇決定基因？有的話很有意思，但並沒有這種東西。雖然有實驗發現，當升壓素受體不足時，雄鼠會跟多個雌鼠交配（請參考213頁），但這種情況硬要說的話，應該是依戀強弱的問題。

基因再怎麼快也要數千年，搞不好要上萬年才會發生變化。如果從過去到現在外遇的人一直都很多的話，那應該另有原因吧。

我們的生活環境會在短時間內劇烈變化。從我的角度來看，電子郵件是晚近出現的東西，但現在的孩子們從懂事開始就使用電子郵件，所以能夠輕鬆地適應進步快速的IT科技。而這樣的例子跟基因無關，而跟環境適應性有關係。

那麼，什麼才是跟基因有關的變化呢？人類演化的原則是，要在物種競爭當中存活下來。而什麼類型的人的後代能夠存活下去呢？可以承受劇烈變化跟疾病的人能夠存活下來，無法承受者則會被淘汰。所以，思考「人為什麼外遇」時，必須把那樣的背景因素考量進去。也就是說，外遇並未從這個世上消失的話，就代表外遇可能存在生物學上沒被淘汰的理由。

生物學上的勝利組會盡一切所能讓自己的種延續下來。但那也會衍伸出養不養得起的問題。對男人而言，不負責任、盡可能地散播自己的精子可能是最好的策略。但另一方面，如果女人只是單純地被播種，男人不負養育責任的話會很困擾。在這個地方，男人跟女人的利害關係既一致又對立。

在過去的原始社會，捕獲獵物帶回家的男人，就是最好的男人。女人的心聲則是「如果獵物有剩，分享給別人沒關係，但要把最好的帶回來給我們的孩子」。但現代社會的男人不是將獵物帶回家就好，女人還會根據各種條件，像是金錢跟地位，強健的體魄跟聰明的頭腦等來挑選男人。也就是說，隨著時代的變遷，女人逐漸改變選擇男人的標準，讓「好男人」的基因留存了下來。

生物演化的原理，舉例來說就是，好色之徒的數量稍微增加的話，其後繼者就會增加，所以下個世代跟下下個世代的好色之徒就會如老鼠般迅速增加。如此一來，日本人的自我認同也會有所轉變。因此，當好色之徒滿街跑時，就換他們會被淘汰。物競天擇發揮作用，讓世界不會充滿好色之徒（笑）。

演化是盲目的，沒有方向，最後卻非常成功。當往壞的方向演化時，擁有那樣的基因的後代數量就會減少，那種基因就會逐漸從社會中消失。大猩猩不會一夕之間演化成人類。演化是花費時間一點一滴改變的過程。

人類如何被淘汰、演化的呢？

我們時常聽到「基因」這個詞彙，但基因跟染色體是哪裡不同呢？它們跟細胞又有什麼關係呢？關於這些問題，其實我也是一知半解。應該有不少人有興趣但卻搞不太懂，因此，接下來我想簡單介紹一下什麼是細胞跟基因。

所有的生物都是由細胞組成的。人類的身體大約由六十兆個的細胞組成，各司其職。細胞平均大小為三百分之一毫米，形狀千差萬別，一個細胞擁有的系統功能出乎意料地多。

人類生命是由一個受精卵的細胞開始。受精卵不斷重複細胞分裂，形成各種形狀與功能不同的細胞，分化出不同的組織或器官。在這樣的過程當中，一個人類的新生命就誕生了。人類在出生之後，細胞會不斷汰舊換新，因此得以延續生命。

多達六十兆個的細胞，每個都有細胞核，細胞核的染色體當中排列著數千個基因。而我們會從父母親繼承相貌、個性跟體質等五萬種之多的遺傳特徵。此外，基因不等於ＤＮＡ。在染色體裡ＤＮ

A會像是繩子綁在一起，在那當中存放著遺傳資訊的部分則稱為基因。

簡單歸納如下，細胞核當中巨大的載體（如容器般的東西）是「染色體」，存放於染色體當中的記憶體則是「DNA」，DNA當中記載著遺傳資訊的部分則是「基因」。

接下來，我們來看一下，具體而言什麼是淘汰。

例如，在非洲有名為鐮刀型細胞貧血症的遺傳性疾病。這是紅血球扭曲成鐮刀狀，難以輸送氧氣的疾病。只要行走就會感到痛苦，馬上倒下。很明顯的，這對人類而言有損無益，但這樣的基因卻沒有消失，為什麼呢？因為擁有這種基因的人不容易得到瘧疾。反過來說，對瘧疾有抵抗力的人存活了下來，那樣的基因也因此被留存了下來。不過，就全世界來看，沒有這種基因的人佔大多數，因為瘧疾並不是日常生活中會得到的疾病。

也就是說，基因會殘存下來是有理由的。

雖然日本社會很多人在搞著不會繁衍後代的外遇、少子化且男人草食化，但是全世界人口依舊持續增加，特別是非洲，因此人類本身不會消失。即使日本人口減少，人的基因仍會延續下去，物種不會滅亡真是太好了（笑）。

從長遠來看，基因的變化充滿無限可能，也有可能發生莫名其妙的事情。人類有些特質是嘣的一聲就突然出現的。

人類有兩萬五千多種基因，而那當中個體差異非常大。但是無法改變的地方，即使經過幾百萬年也不會改變，會一直維持著。黑猩猩跟人類某個部分的基因幾乎一模一樣。雖說如此，人類跟大猩猩性交也生不出小孩。這代表著這兩個生物的基因差異大。基因同時有著絕對不會改變跟不斷改變的部分。

契合度也是由基因決定的嗎？

雖然沒有所謂外遇基因，但契合度則跟基因有關。跟情人是否契合，無法透過血型占卜來了解。血型是依據紅血球的醣蛋白分類而成的，跟性格一點關係也沒有。

其實，在判斷合不合得來時，唯一的依據是名為ＭＨＣ，超過百個基因所製造的蛋白質（人類的ＭＨＣ又稱為ＨＬＡ，但本文統稱為ＭＨＣ）。

ＭＨＣ最早是器官移植時被發現的，此物質決定了配對能否成功。

器官好不容易移植成功，身體（特別是免疫系統）卻把移植器官當成外來者群起而攻之，使移植器官被身體排斥。那個時候，斷定移植器官是自己人還是外來者的物質就是ＭＨＣ基因生成的蛋白質。現在我們已經知道，人跟人之間是否合得來也跟ＭＨＣ基因的組合有關。

關於ＭＨＣ基因有個知名的實驗，那是瑞士伯恩大學動物學教室的Ｔ恤實驗。

實驗進行方式是請四十四位男學生連續兩天穿著Ｔ恤就寢，隔天請五十位女學生聞Ｔ恤的味道。當然，誰穿過的則是秘密。

這個實驗得知了驚人的事實。當穿著Ｔ恤男學生的ＭＨＣ基因組愈跟女學生的ＭＨＣ基因組相似，女學生對男學生得採分就會愈低，也就是說，會被分類到「不喜歡的味道」。

另一方面，男學生的ＭＨＣ基因組跟女學生的差距愈大，正面評價就會愈高。這個實驗即便在男學生之間進行也得到相同結果，可知，

ＭＨＣ基因組差異愈大，愈是意氣相投。但是，這個實驗只不過是跟他人的情況，家人之間的話則另當別論。

但是，即使透過嗅聞分辨對方的ＭＨＣ基因組跟自己是否相似，那個「味道」並不會有意識地進到大腦裡。換句話說，大腦下意識地接收到費洛蒙的訊息。也就是說，費洛蒙跟能夠有意識嗅聞味道、掌管理性大腦部位不同，而是跟掌管大腦本能，直接跟情感與心情運作的部位有關。嗅聞辨別ＭＨＣ基因組也是透過潛意識的費洛蒙處理機制。

人會在潛意識中處理重要的事？

剛才提到，我們會在無意識之間區分MHC基因組，而人類其實有很多重要的事情都是在潛意識中完成的。我們會說「瞬間判斷」，但其實是因為在「判斷」之前，大腦已經自動展開行動加以處理了。

回到MHC的話題，那不只跟戀愛有關，甚至連結婚、生產也受它影響。據說夫妻的MHC基因組相似的話很難懷上孩子。但正確來講不應該說「懷不上」，而是雖然受孕了，但女性極易在自己察覺到之前就流產。反覆發生懷孕之後自然流產的現象，經檢測發現伴侶雙方的MHC基因組極其相似。也有一說是，MHC基因組相似性高的伴侶即便順利生產，也有很高的可能產下體重過輕的新生兒。

也就是說，我們的身體會盡可能地尋找MHC基因組差距比較大的對象作為另一半。剛才提到，透過T恤的味道可以知道自己跟對方是否情投意合。也有見解認為，那是因為自己內在的MHC尋求著擁有理想MHC的伴侶所致。

MHC基因擔任身體守門員的角色，背負著當病毒、細菌跟寄生蟲等「外來者」侵入體內時發出警訊、傳遞訊息讓免疫細胞知道外來敵人所在位置的重要任務。因此，我們會盡可能地跟擁有與自己的MHC基因不同的人結合，好讓自己的下一代獲得更多的疾病抵抗力。結果導致擁有「偏好跟自己相異的MHC基因」特質的子孫增加。那樣的「偏好」會遺傳給我們的後代。

現今已經可以知道，擁有怎樣MHC基因組的人比較容易得到風濕症、甲狀腺炎跟腎臟炎等各種疾病，而哪些人不容易得到。正因為如此，人們才會尋求跟自己不一樣的MHC基因。

只要基因有個體差異，當男女在尋找伴侶時不設限才會找到最佳組合。但結婚之前不見得能夠看得透徹。持續著婚姻生活卻不小心外遇時，有可能跟外遇對象反而是更好的組合。

ＭＨＣ基因本身並沒有自由意志，那是由突變跟自然淘汰演化出來的。

ＭＨＣ基因組相似的夫妻容易流產，那有可能是因為，母體天生具備選擇擁有變異較多的ＭＨＣ基因組胎兒的能力。因為母體在受精之後也會盡可能地挑選免疫力比較高、存活下來機會比較大的胎兒。

然而，人類的身體本來都有可能形成男女兩種性別。胚胎在發育過程，維持不變就會變成女人，切換開關的話就會變成男人。

性染色體的組合是XX就會變成女人，XY就會變成男人。但是，Ｙ染色體上如果名為ＳＲＹ（Sex-determining region Y）的性別決定基因發揮功能時，會發育出男性生殖器，長出睪丸，而睪丸會製造男性荷爾蒙。於懷孕第十六週左右，首次大量分泌男性荷爾蒙，這被認為是劃分大腦發展為男性模式還是女性模式的時期。如此，胎兒的性別分化就在母親子宮內不斷進行。也有一說是，在ＳＲＹ體現出來，逐漸變成男性的過程當中，如果母親壓力過大，會使得男性荷爾蒙無法大量分泌，大腦沒有男性化，胎兒以中間性別的狀態出生。

男性在母親胎內逐漸變成男性。男性只能在異性胎內成長，因此從出生開始抗壓性就比較弱吧。

我實際採訪外遇曝光的人，總覺得男性抗壓性有點弱。被配偶發現外遇時，女性的態度反而顯得比較坦蕩蕩、光明磊落。

人類也有費洛蒙

大家都知道，人類以外的雌雄動物是透過費洛蒙相互吸引。人類也有「那個人渾身散發著費洛蒙」的說法。

一九五八年，德國的有機化學家布特南特（Adolf Butenandt）教授特定出費洛蒙的化學結構。他特定出雌蠶蛾吸引雄蠶蛾的性費洛蒙化學結構。那是某種酒精。費洛蒙的英文 Pheromone 是源自於希臘文的 pherein「搬運」跟 horman「刺激」。

人類是否也有費洛蒙的議題也被廣泛議論，就結論而言，是有的。只不過，跟蛾的費洛蒙不同，對於遠在幾公里外的對象不會產生效果。有的人說，性費洛蒙可以喚起彼此愛侶之間的親密感，在性行為過程中也能提高性快感，但其作用微妙。然而，從鼻子吸進費洛蒙，嗅到的人雖然不會意識到，但是卻會左右情感、影響行動。費洛蒙並不是透過形容與描述就可以理解的味道，而是散布「神秘味道」的物質。

例如AND這個物質被認為是男性的性費洛蒙，但那是類固醇的一種。AND是當男性費洛蒙發生變化時分泌的物質，會跟著汗水一起從腋下跟鼠蹊部分泌出來。女性分泌的費洛蒙則為EST，這也是類固醇的一種。

而且，我們的大腦似乎也做好了確實接收異性散發出來的費洛蒙，隨時墜入情網的準備了呢。瑞士的卡羅琳醫學院的腦科學家們，於最近利用了最尖端的電子器材，癌症檢查也使用的正子電腦斷層造影（Positron Emission Tomography，簡稱PET）技術，調查人類嗅聞費洛蒙時大腦的活動變化。

PET是利用微量的輻射，尋找血流活躍處的機器。透過確認大腦哪個部位運作活躍跟血液比較集中，藉此展開實驗。

利用ＰＥＴ觀察嗅聞男性荷爾蒙ＡＮＤ的受試者大腦，發現血液明顯地集中至某個部位。有趣的是，血液流量增加跟活動頻繁的大腦部位男女大不同，男性是專職辨別味道的嗅覺區，女性則是掌控本能跟生物週期的下視丘。而嗅聞女性荷爾蒙ＥＳＴ時，結果截然不同，大腦活動頻繁的部位，男性是下視丘，女性則是嗅覺區。嗅聞普通味道時，男女之間不會有如此差異。很明顯的，費洛蒙發揮功效，是「異性專屬信號」。

參與實驗的受試者們說，被要求嗅聞的東西（費洛蒙）沒有味道。雖然無味，但信號確實送達至大腦。受試者在下意識中，脈搏跟呼吸確實發生了變化。

也就是說，男性分泌的費洛蒙ＡＮＤ，在女性沒有察覺的情況下對她的大腦發揮了作用，讓感覺切換到戀愛模式。相反的，女性荷爾蒙ＥＳＴ悄悄地傳送信號到男性的大腦，吸引對方注意。

聞到男性荷爾蒙AND時，女性無法察覺，但男性的大腦卻會察覺到，並將之視為一種氣味。相反的，聞到女性荷爾蒙EST時，男性無法察覺，但女性的大腦會將之判定為某種味道。這究竟是為什麼呢？

其背景因素很有可能是為了爭奪情人，激烈的同性競爭吧。為了在競爭對手散發荷爾蒙時就馬上察覺，立即祭出對策，大腦演變成將同性的荷爾蒙當作是味道，聞到能夠馬上反應。得知競爭對手的存在，便可以擬定出如何讓敵手打退堂鼓的策略。

我們時常說，太太透過「第六感」可以知道先生有沒有外遇。這個第六感有可能就是外遇對象的費洛蒙也說不定。因為丈夫身上的味道「跟平時不太一樣」，妻子才會察覺到先生外遇吧。

外遇的理由

動物學的教授可能已經提過，動物為了讓子孫殘留下來有各種策略。大猩猩建立後宮，是一夫多妻制，雌大猩猩不會偷吃。相對於性，雄大猩猩將成本投資於腕力上，以支配整個社群，這是大猩猩的特徵。證據就是大猩猩的睪丸相對地小。反觀黑猩猩則是亂婚制。黑猩猩比的不是腕力，而是繁殖策略，用性決勝負，因此從身體比例來看其睪丸非常大。

人類的睪丸雖然沒有黑猩猩那麼大，但也不比大猩猩小。考量這些因素，雖然我們說，人類演變成一夫一妻制，但應該要說，人類本來就是類似一夫一妻制。

在亂婚制的黑猩猩社會，跟哪隻雌黑猩猩交配都好，那不是「外遇」。就連鴛鴦這種一夫一妻制的象徵彼此也會偷吃呢。那意味著，彼此偷吃比較能夠讓自己的基因留存於世。

我們說思考跟語言是人類特有的東西。也就是說，理性是人類的特徵。但實際上，當我們覺得「好有人味」的時候，其實是我們展現出動物本能的時候。沉浸於頭暈目眩的快感當中，懷抱著憎恨，或是品嘗美食等時刻。那時會出現反應的是大腦的邊緣系統跟下視丘，也就是跟本能相關的區塊。絕對不是自己有意識的反應。

的確，感覺到自己「真實活著」的時候，基本上都是喜怒哀樂的情緒波動，像是睡得很舒服，或是在愉悅的性愛中獲得快感的時候。

人類會用語言表達情感，但又經常說快樂得「難以言喻」。有的時候也會透過顫抖的身體表達無法用言語形容的喜悅心情。那應

該是一種出於本能的愉悅吧。

人類對快樂沒有抵抗力。如果是這樣的話，外遇說不定是本能所造的業。

所以說，人為什麼外遇呢？針對這個問題，我的回答是：「就不小心外遇了」（笑）。人類天生就容易外遇。只是，人類會思考很多問題：「因為外遇，誰會失去什麼？自己也會失去什麼嗎？什麼才是重要的？」之類的。因為並不一定絕對有好結果，但還是有人會不小心陷進去。

如果從心理的觀點來看，比起是否要責備外遇者這個問題，我反而比較在意外遇者所背負的東西。不管是外遇還是什麼，自己的所作所為，最後都會回到自己身上。

科學家不是都會使用動物做實驗嗎？設身處地去想，我們對動物做了很糟糕的事情。犧牲這麼多動物，好不容易才獲得到一些統計數據。人類再怎麼努力探究自己，終究仍存有許多未知，因為我們無法做活體實驗。我們對人類的理解，可以說是建立在眾多動物的生命上。雖然話題有點偏離外遇，但每個人都是這樣背負著責難活過來的。

我覺得也有絕對不會外遇的人。有可能只是偶然，但有的人是徹底迴避風險，所以不外遇吧。

決定是否外遇的因素是多重的，例如，對於婚姻關係崩壞的恐懼、外遇對象的吸引力、當下的情況等。

科學在某種意義上是非科學的，必然隱藏著未知的神秘。科學家們想要一點一點掀開其神秘的面紗。在未來，如果可以藉由跟基因與大腦的運作來說明外遇時的心理結構的話，應該會很有趣吧。

すべては「脳のバグ」である

一切都是大腦的設計漏洞所造成的

池谷裕二（腦科學者）

1970 年出生於靜岡縣藤枝市。藥學博士。現任東京大學藥學系教授。腦科學家。透過研究大腦的海馬迴，持續探究著大腦的健康與老化問題。榮獲日本藥理學會學術獎、日本神經科學學會獎、日本藥學會獎、文部科學大臣表揚（青年科學家獎）、日本學術振興會獎、日本學士院學術獎、塚原仲晃紀念獎等獎項。主要著作有《強化記憶力》、《進化過頭的大腦》、《單純的腦，複雜的「我」》（以上皆由講談社 bluebacks 出版）、《海馬迴》《大腦是如此複雜》（以上皆為共著，新潮文庫）、《大腦的奇怪癖好》（扶桑社）等書。

人類本來不會外遇

一夫一妻制、一夫多妻制、亂婚制等，動物實踐著各種伴侶型態，創造新生命，讓世代生生不息。

現在所謂的先進國家跟地區都是以一夫一妻制占絕對多數。但人類原本就是一夫一妻制嗎？雖然沒有根據，但直到現在我都認為，人類是從一夫多妻制變成符合社會性的一夫一妻制。所以才會有外遇的存在。但是，這樣的想法被腦科學家池谷裕二給否定了。

「人本來就會外遇」這種想法是錯誤的。為什麼呢？假設人類活著的目的是讓自己的基因留存下來，那麼，與其透過外遇到處散布自己的基因，不如跟認定的對象長相廝守，反而可以增加基因留存下來的機率。

一夫一妻制的哺乳類只佔了哺乳類整體的百分之三到五。所以在外遇演變成社會道德倫理的善惡問題之前，男人跟女人的一對一組合，共同守護孩子，以留存自己基因，這種方式是最有效率的。育兒明明得花上大把時間，卻到處生孩子，最後食物不夠吃，伴侶又被搶走的話，簡直全盤皆輸。

外遇也有「大家都說不可以，反而更想越界」或是「因為可以模擬戀愛」等面向，但那並非我的專業領域。從人類的特徵來看，一夫一妻制是比較合理的。

人類以外，採取一夫一妻制的哺乳類動物，是因為生物學上的理由，像是「雌雄動物相遇的機會少」、「棲息於食物稀少的地方」等，而選擇一夫一妻制。

長臂猿、草原田鼠、胡狼跟狐獴等哺乳類動物是一夫一妻制。例如，草原田鼠雖然是一夫一妻制，但同為田鼠的山地田鼠卻是一夫多妻制。草原田鼠很有可能是為了適應從山地遷徙至廣闊草原的生活而演變為一夫一妻制的吧。可能是因為草原的食物比山地少，或者是草原廣闊不容易遇見異性等。

科學證實了山地田鼠跟草原田鼠的大腦有不同之處。美國埃默里大學賴瑞・楊（Larry Young）等人的團隊發現，草原田鼠腦內升壓素1a受體（V1aR，以下記作腦內升壓素受體）的量比較多。

腦內升壓素是腦垂體後葉分泌的一種荷爾蒙，當發生性行為時，大腦會大量分泌。楊的研究團隊推測，草原田鼠擁有比較多的腦內升壓素受體，在交配時帶來的快感帶來獎賞作用，因此對伴侶會有強烈的依戀感，逐漸形成一夫一妻制；另一方面，山地田鼠的腦內升壓素受體比較少，因此性行為的獎賞作用小，對伴侶的依戀也相對低，所以才會不斷偷吃。

他們於腹側蒼白球發現到腦內升壓素受體的差異。腹側蒼白球位於感受快感的大腦伏隔核的旁邊，也可以說是刺激大腦、給予獎賞的部位。

他們假設，若增加山地田鼠腦內升壓素受體的量，牠們是不是就會從一夫多妻制變成一夫一妻制呢？他們將能夠增加腦內升壓素受體的基因注射到山地田鼠的大腦裡。結果，原本是花心大蘿蔔的雄山地田鼠竟然變成一夫一妻制。相反的，當削弱一夫一妻制草原田鼠的腦內升壓素受體的功能，草原田鼠一個接著一個偷吃。也就是說，腦內升壓素受體的量是決定一夫一妻制還是一夫多妻制的關鍵。

腦內升壓素受體的量是由位於上游的控制基因表現區（Expression

controlling area，各個基因除了有蛋白質的胺基酸編碼區之外，還有調節區）的ＤＮＡ序列所決定，這個部分在進化的過程當中容易發生變異。也就是說，即便是以一夫多妻制為大原則的哺乳類，在進化的過程當中出現一夫一妻制的物種，也並不是那麼困難的事情。

然而，在二〇一五年十二月，德州大學的菲利浦博士的研究團隊針對應為一夫一妻制的草原田鼠，提出有趣的研究報告。報告內容顯示，竟然有高達百分之二十五的雄草原田鼠會跟外面的雌鼠交配。特別是年輕的雄鼠此一傾向明顯。

他們調查了在外頭偷吃的雄鼠大腦，發現會偷吃的雄鼠其腦內升壓素受體的量比不會偷吃的雄鼠少。但這邊重要的是，跟忠貞度相關的不只是腦內升壓素受體，空間記憶也會有影響。其實，腦內升壓素受體的量變少時，記憶能力會隨之低落。菲利浦博士的研究團隊推測：

「偷吃的雄鼠因為記不清楚自己勢力範圍的界線，所以侵入其他雄鼠的勢力範圍。」從結果來看，因為行動範圍擴大，也增加了跟其他雌鼠相遇的機會。

但如同剛才所述，這樣的雄鼠也會因此產生弱點。離開自己巢穴的時間愈長，自己伴侶被其他雄鼠趁虛而入的風險就愈高。

草原田鼠有兩種類型，一種是一心一意努力保存自己基因的個體，另一種是即便減少自己的基因殘留下來的機率，也要在外頭散播自己基因的個體。菲利浦博士表示：「這兩種策略各有利弊，兩種個體相互影響與抗衡，為草原田鼠的基因多樣性做出了貢獻。」

而人類此一腦內升壓素受體的控制基因表現區有個體差異。擁有不同的控制基因表現，腦內升壓素受體的量就會有所不同，腦內升壓素受體的量少時，就會增加出軌的可能性，容易離婚。聽說量少者的離婚率跟量多者相比有兩倍以上的差距。

也就是說，人類是否容易外遇，是由大腦決定的啊。

如果是這樣的話，那「外遇這種病」就無法治癒了。

當然，並不是說因為是大腦的問題就默許出軌或外遇，但是當伴侶偷腥時，如果可以用「既然是大腦的個性使然，那也沒辦法了」這種想法安慰自己，或許能平息怒火也說不定。

然而，人類掌控理性的大腦新皮質區要比掌管本能的大腦邊緣系統大很多。當人快要出軌的時候，大腦新皮質區會全面總動員，思考偷吃被發現時的各種風險，做出迴避風險的決定。

戀愛是大腦的設計漏洞

一般認為只有人類才會談戀愛，但馬克斯普朗克研究院（Max Planck Institute）伊勒（Malika Ihle）博士帶領的研究團隊則提出，鳥類之間也會經營相當於戀愛原始型態的關係。百分之八十以上的鳥類是一夫一妻制，他選定「斑胸草雀」作為實驗對象。研究團隊將二十隻雄鳥跟二十隻雌鳥放進籠子裡，讓他們自由地選擇配偶。配對完成後，一半的配對就讓牠們繁殖，另一半的配對則拆散後人工配對使牠們繁殖。結果，自由擇偶組孕育出的子嗣數量比被強制配對組多出百分之三十七。

再往下詳細調查，他們發現這樣的差異並不是出於蛋孵化與否，而在於孕育出的下一代是否得到悉心照顧。重要的是「行為模式的契合度」，而非「基因的契合度」。彼此是否能夠同心協力共同養育下一代。簡單地說，是否「氣味相投」很重要。這的確跟戀愛有相似的作用。

戀愛有可能存在著絕對的愛。但當我們提到絕對的愛，基本上都是指對孩子的愛吧。比起法律規定或是任何關係，對孩子的愛是最為強烈的。動物一般而言可能也是如此，父母即便賭上生命，也會想盡辦法保護孩子。我認為，考量長遠的演化過程，這種照顧後代的本能應該是最早發達的。

但是，應該只有人類，從這種專司「父母對孩子絕對的愛」的大腦迴路，製造出了戀愛情感。這兩種情感同樣是給予特定個體愛情，也共享著繁衍後代這個終極目的。

我經常聽到女性說：「孩子好可愛。好像要愛上孩子了。」從演化的過程來思考，這樣的順序是錯誤的，對孩子的愛先於對異性的愛。

當然，在現實世界沒有戀愛的話無法生下小孩。

在某種意義上，戀愛可以說是「大腦的設計漏洞」。會不會是原本應該指向孩子的愛，發生錯誤指向異性了呢？一這樣去想，戀愛根本就是種無稽的情感（笑）。閱讀詩跟小說等文學作品時，只會覺得作者為何能夠如此讚頌男女之間的愛，而感到不可思議。

從某個角度來看，大腦是單純的傻子。正因如此，對我而言大腦是可愛、值得被愛的存在。「戀愛情感」是最有趣的東西。人類在談戀愛的時候，會先相遇，然後頻繁約會，逐漸瞭解彼此。透過這樣的過程觀察「這個人對自己而言是不是最好的」，然後進行選擇。然而，人類也是生物。只要是生物，就會有自然淘汰的壓力。在選定伴侶這件事上花費太多的能量與時間的話，反而無法留下自己的基因。究竟是要捨棄眼前的對象呢？還是要交配繁殖呢？跟其他的動物一樣，只有這兩種選項。

但那樣也實在太無趣了，所以人類才會發展出「戀愛情感」。剛才提到的大腦的設計漏洞會讓人產生「這個人最好」的誤會。戀愛也可以說是錯覺。如果沒有戀愛情感的話，人類就會永無止境地不斷尋找「最好的對象」，而浪費掉太多時間跟成本。因為有戀愛情感，人類得以削減尋找伴侶的成本，誤以為對方是最好的對象，順利跟對方孕育下一代。就結果而言，人類沒有滅絕，多虧了這個戀愛的錯覺。

我個人也覺得戀愛建立在誤解跟錯覺上，但並不是出於科學上的理由。談戀愛的時候，會專一地認定對方。然而，分手之後仔細想想，總會覺得好像一直以來都做了錯誤的選擇。有那樣想法的人應該不少吧。

這都是大腦的設計漏洞所闖出來的禍。覺得這種機制實在太沒意思了，或覺得因此得到救贖，這就因人而異了。

從大腦可以看出來是否墜入情網

「吊橋效應」是大腦廣為人知的奇妙特質之一。因為吊橋都設置於高處，即便沒有懼高症的人走在上頭多少也會心跳加速。那時如果被告白的話，傻大腦會把那個心跳加速誤以為是動了真情。知道這件事的人應該不少吧。

明明是覺得走吊橋好可怕而心驚膽顫，卻誤以為眼前告白的人好有魅力而心動，升高好感度。大腦真的會搞出這種事情，真是可愛又有趣。

類似的例子還有「羅莫歐與茱麗葉效應」。如果交往中的情侶，遭到女性的父親猛烈反對，那樣的悲情與逆境反而會助長兩人的愛火。愈是被反對，愈喜歡對方，這事絕非少見。這個情況其實也只是因為遭到反對而緊張得內心波濤洶湧罷了。但是大腦會誤判為對方的魅力所致，因此愈來愈喜歡對方。

這些例子是廣義上的「錯誤歸因」。大腦急性子地將行為的「意義」跟「目的」貼上錯誤的理由標籤。

只要稍微窺視一下大腦，就可以知道那個人是否正在談戀愛。有研究者針對戀愛中的大腦進行觀察。

研究者讓剛開始交往三個月、熱戀中的人看情人的照片，觀察受試者大腦哪個部位活動頻繁。結果發現，大腦的腹側被蓋區（Ventral Tegmental Area，位於哺乳類大腦的中腦其中一個區域）活動頻繁。

這個部位也是大腦的獎賞系統之一，別名為「A10」，我則從它的英文略稱為「Tegmental」。也就是說，談戀愛的時候會使 Tegmental 活動頻繁。

產生類似「快樂」感覺的東西活化了 Tegmental。不只是談戀愛，吸食毒品、酒精或其他藥物也會刺激獎賞系統的神經迴路，活化 Tegmental。也就是說，Tegmental 是大腦的「快樂中樞」。

因吸食毒品被逮捕的人有六成五戒不掉毒癮而再次被捕。也有人沒被抓到，持續不間斷地使用毒品，因此戒不掉毒癮的人其比例應該更高。跟藥物一樣，沉迷賭博或是酗酒等成癮問題都跟這個快樂中樞有關。

然而，Tegmental 是生命不可或缺的一部分。沒有 Tegmental，人類無法活下去。因為人覺得「好吃」才會進食，覺得舒適所以能夠入眠。掌管快感的 Tegmental 對人類而言是重要的生命線之一。即便這個部位跟藥物成癮有關，也不可以削減 Tegmental 的功能。

有個著名的實驗是使用電擊刺激老鼠的 Tegmental 部位。這個實驗是在老鼠的大腦植入電極，施加微弱的電流，以人工的方式活化 Tegmental 的神經元（構成神經系統的細胞，擔負處理與傳遞資訊的功能）。

首先，由實驗者按下按鈕，刺激 Tegmental 使老鼠感到舒服。然後，由老鼠嘗試自己按下按鈕。也就是說，讓老鼠處於只要按下眼前的按鈕，就可以進入極致愉悅的狀態。結果，如實驗者所想像的，老鼠們不停地按按鈕。老鼠廢寢忘食地持續按著按鈕，甚至有老鼠忘記進食而餓死。

那樣的愉悅感應該是快樂到就連要進食跟睡覺都忘記了吧。老鼠可能覺得為了獲得那個愉悅感，即便喪失生命也無妨吧。或者應該是說，連維繫生命的其他重要行為全部都忘了。不，不是忘記，而是無法判斷了。

就我來看，Tegmental與其說是產生快感，不如說是造成「盲目」的部位。逐漸分不清楚什麼是重要的事情，滿腦筋只有眼前的快樂。

因此，對藥物成癮的人說「戒掉它」也是白搭。因為就跟老鼠的電擊刺激一樣，比起進食跟睡眠，追求快樂的優先順序比較前面。

戀愛也是同樣的道理不是嗎？就像是莎士比亞所說的：「愛情是盲目的」，即便受到周遭反對也不會放棄。因為喜歡對方，周遭其他人的意見都聽不進去。這是Tegmental造的業。一旦愛上了，任誰都阻止不了。

關於Tegmental還有其他有趣的實驗。假如把大腦看作是蘋果，Tegmental大約位於中心，也就是鄰近果核的深處。

在大腦植入電極的狀態下，讓老鼠聽某個音程（註）的聲音。例如，讓老鼠聽九千赫茲聲音的同時刺激 Tegmental 給予快感。

老鼠的大腦皮質有專門的部位處理聽到的聲音，其中有對應九千赫茲的區域。讓老鼠聽九千赫茲的聲音時，同時多次刺激 Tegmental 的話，感受九千赫茲的區域會擴大。

也就是說，大腦的迴路本身會發生變化。針對九千赫茲聲音產生反應的神經元數量會增加，各個神經元的反應會變強。一旦跟快感刺激搭在一起時，就會讓大腦產生變化。遇見喜歡的事情，或是身處於討厭的狀況下，大腦物理上的結構本身會逐漸發生變化。人類後天的嗜好、喜惡也是經過那樣的過程形成的。

腦垂體後葉分泌「催產素」這種荷爾蒙，其別名為「愛情激素」、「幸福激素」，也被使用於自閉症等治療上。

註：Interval，兩音高度上的距離。

美國也有催產素鼻用噴劑的產品。假如，眼前的對象吸了那個噴劑，如果那個人對自己有好感的話，就會變化成更加鞏固的「絕對的信賴」；相反的，如果對方對自己就沒什麼好感時，就會變成連看都不想看到，徹底被討厭。

目前研究已知戀愛時大腦會分泌催產素。跟情人牽手或是有性行為時，催產素的分泌會變得旺盛。能夠深信自己跟喜歡的人正在熱戀，都是因為催產素大展身手的緣故（不過，那不僅限於戀愛，抱小嬰兒、做按摩、撫摸寵物，或者是跟志同道合的朋友聊天也都會分泌催產素）。

另一方面，戀愛在某個時候會突然淡掉。這個情況跟哺乳類將孩子趕出巢外的時期重疊。哺乳類原本就內建讓孩子獨立出去自立門戶的程式。親子不可能一輩子在一起。因為一直在一起，父母跟孩子有可能會變成敵人。我在想，情侶間感情突然淡掉，會不會跟這個機制是同樣的道理呢？是不是大腦分泌了什麼荷爾蒙？目前還不知道確切的原因。

戒不掉外遇的人，搞不好就是因為這樣。隨時會被發現的緊張感、某種罪惡感讓人誤信「自己正談著獨一無二的戀愛」，這並不難以想像。

而且，已婚者之間的外遇，彼此原本的夫妻關係之間為無性婚姻的情況多。如此一來，在外遇關係的性愛當中能夠分泌催產素，滿足了飢渴的心情，陶醉於幸福的氣氛下。

不會「突然感覺變淡」是外遇關係的特徵之一，但那有可能是因為外遇關係本來就是不穩定，「撲通撲通」的緊張感無論經過多久都不會消失。但儘管如此，大腦的奧秘無窮。竟然會擅自誤解情況，騙了我們……。

情感是大腦製造出來的嗎？

聽音樂時，大腦的某個部位會產生反應。如果先刺激那個大腦部位的話，人就會以為真的聽到了音樂。外部沒有聲音也會聽得到音樂。也就是說，一切都是大腦反應跟感覺。

只是，關於「疼痛」並非如此。痛覺非常複雜。身體某個部位割傷或是骨折等明確的受傷部位跟疾病則另當別論，但實際上我們有各種原因不明的慢性疼痛，例如：肩頸疼痛跟腰痛等。那些很多時候是錯覺。例如，刺激覺得「腰痛」的人其感覺疼痛的大腦部位，也不會引發腰痛。

近年來，有許多針對「疼痛」的研究。例如，讓實際上沒有被施予疼痛，但接受注射或牙齒治療等患者看光看就覺得很痛的圖片，他們反應「疼痛」的大腦部位會有所活動。「感同身受」是真的。

另外，還有一個實驗是讓多人玩傳接球遊戲，然後從某個時間點，請其他人開始不傳球給某個人。也就是說，實驗設定有一個人被隊友排擠。結果發現，被隊友排擠的人其反應疼痛的大腦部位活動頻繁。

對大腦而言，「胸痛」、「心痛」跟物理上的疼痛是同性質的東西。疼痛的感覺本來是為了讓當身體受到損害時能盡早察覺，迴避那個「疼痛」而形成的感覺系統。如此巧妙的系統只用在感知物理疼痛實在有點浪費。所以人類才會將巧妙且敏感的感覺系統用在感知「社會性疼痛」上吧。

在進化的過程，某個生物性狀從原本的目的轉用於另一個目的上時，此稱之為「預先適應（preadaptation）」。例如，鳥類的羽毛本來不是為了飛翔而演化的。在鳥類飛翔之前，羽毛就已發達，發揮了保持體溫的作用。在之後，羽毛也被活用於「飛翔」的目的上。那個時候我們會說：「羽毛為了飛翔預先適應」。

那是類似「多方應用」的現象，在生物演化過程當中隨處可見。「社會性心痛」也是其中一例，將原本感知疼痛的神經迴路應用於其他地方。我覺得這真的相當厲害。「感同身受」也是轉用疼痛系統的例子。我們「心」的功能建立於綜合應用技法上，巧妙地應用動物們長久演化過程中形成的大腦迴路。拜其所賜我們才能維持社會性。

一切都只不過是大腦的化學反應

人類的視覺是以ＲＧＢ（紅綠藍）為三原色，而昆蟲可以看見紫外線，因此是四原色。所有的脊椎動物，也就是魚類、鳥類、多數的爬蟲類跟昆蟲也同樣是四原色。但幾乎所有的哺乳類在進化的過程當中失去兩種顏色，變成是藍色跟橙色兩原色。

人類等高等靈長類動物可以看到三種顏色，那是因為橙色的顏色感受器分歧變成了綠色跟紅色。然而，我們卻深信我們看得到全部的顏色。不覺得很不可思議嗎？例如，黃色。其實我們並不是實際看到了黃色。因為人類沒有黃色的顏色感受器。但是，黃色怎麼看就是黃色，對不對。但這其實只是大腦擅自將紅色跟綠色混在一起的顏色當作是黃色罷了。

人類的視覺之所以能夠認識顏色，是透過眼內錐狀細胞裡的三種感光色素衡量光能量的吸收比例，然後於腦內發生化學反應。也就是說，我們擁有顏色感受器的感光受體，例如，擁有感受「紅光」的受體就可以看見紅色。然後，人類利用紅綠藍三原色合成其他顏色，所以人類才可以看見三原色以外的顏色。

然而，不同的個體，紅色感光受體會有些微差異，吸收的光的波長也會有所差別。當然，因為是紅色的感光受體，所以會感知到類似紅色的光，但不同的基因類型，感知到的波長會有微妙差異。所以每個人看到的紅色應該都不相同。

另外，日本男性每二十人中有一人，法國跟北歐則是每十位男性當中有一人為先天性色盲。幾乎都是紅色跟綠色的感知發生異常，感知不到紅色或綠色，或者是感知變弱。例如，會覺得黃色加紅色的橘色，跟黃色加綠色的黃綠色是同樣或是幾乎一樣的顏色。聽說畫家梵谷也是色盲。色盲聽起來好像很嚴重，但只是難以判別部分的顏色而已，對生活不會有重大影響。人類就是像這樣各自擁有相當細微的差異。味覺跟嗅覺也是因人而異。有的人覺得「好聞」的味道，別人卻「覺得噁心」。俗話說：「人各有所好」，戀愛也是同樣的道理不是嗎？

我們是依據自由意志決定行動的嗎？

有個著名的試驗。

受試者被指定坐在椅子上，然後將手置於桌面。他們請受試者在喜歡的時間點移動手，並測量那一連串動作時大腦的活動狀況。

主要測量四個項目，其中認知的指標為下列兩項：

①想移動手的意圖。

②知道手移動了的知覺。

觀察大腦的指標也有兩項：

③為了移動手的準備。

④實際移動手時做出的指令。

測量這四個項目的實際順序，發現是「準備↓欲移動手↓（感覺到）手移動↓指令」的順序。當受試者本人有意圖移動手的時候，大腦已經開始進行活動的準備，大約是零點五到一秒左右之前。

而且，我們一般容易認為手是在收到指令之後才實際動作，但事實上相反，我們是感覺到手移動了之後才做出「動起來」的指令。在肌肉動作之前就產生的「移動了」的感覺。

我們真的是按照自己的自由意志決定所有一切的嗎？在我們想要有所動作之前，大腦早就開始做準備了。結果，自由意志並不是早在行動之前，而是行動結果產生的東西。

同樣是紅色，卻因看的人不同而有所差異，這件事實在相當有

趣。不僅限於色覺，大腦中好幾個地方都有些許差異的話，那樣的「不同」似乎創造出個體差異，跟他人的不同變成是自己的「魅力」。

另外，如果自由意志是行動帶來的結果的話，已婚卻同時喜歡上其他人，而且有了多次接觸時，搞不好那不是由自己的意志所決定的。在行動之前，只是用想的，大腦就開始準備的話，是不是也可以說我們被大腦操縱而外遇了呢？當然，那個時候掌管理性的大腦新皮質如果有發揮作用的話就不會外遇，但萬一沒有發揮作用，是不是也有剎車失靈的時候呢？

簡單來說，人類的大腦裡，除了化學反應以外沒有別的。因此，我覺得可以把世界所有一切都想作是化學反應。也可以說人類活在幻想當中。憤怒也是化學反應，哭泣也是化學反應。我們根本不是因為難過而哭泣，而是哭泣所以覺得難過。這樣去想的話，世間萬物都不再具有價值。金錢跟政治也沒有價值。然而，人類卻從那裡找到價值，對股票跟外匯的漲跌感到時喜時憂。能從沒有價值的東西中找出價值的，大概只有人類吧。

有時看著實驗室的夥伴拚了命做實驗的樣子，心中會覺得，搞不好這些也盡是沒有價值的事情。這種想法真是有趣之至。

在腦科學研究的第一線，每天都有新的發現。大腦還有很多尚未探究清楚的地方。我覺得在思考大腦的時候，「站在大腦的立場思考」、「屏除私見，從外頭眺望」是相當重要的。因為探究大腦，其實卻是在探究人心。

人為什麼外遇。有可能是因為大腦分泌了讓人成癮的物質，也有可能是因為快感的獎賞回饋而擺脫不了外遇。雖說如此，也不是每個人都會外遇。

我知道人會外遇，也有認識的人經營著愉快的外遇關係。但就我來看，外遇明明一點也「沒有價值」，而且風險還很高呀。

後記

人為什麼外遇？

龜山早苗

在本書中，我深度訪談八位各領域的專家學者，從原始生物的昆蟲，到高度發展的人腦，透過多個角度探討「人為什麼外遇」。

要理解生物科學跟社會科學觀點的推論與檢證並不是件簡單的事，但是卻有趣得令人興奮不已。在動物學上認為「外遇是理所當然」的意見為多數，即便無法將評論直接套用在人類身上，但很多描述會讓人覺得人類果然也是一種動物。

令我感到意外卻饒富興味的是，沒有任何一位專家否定外遇，認為外遇是「不應該做的事」。動物學認為是理所當然的，而社會學則只做出「外遇是不可避免的」的結論。

日本的婚姻史與外遇史

日本古代社會本來除了一夫多妻制之外，還有招贅制跟訪妻婚的社會制度，因此丈夫不會一直待在正室家中。丈夫去其他女性家裡時，別的男性就會來訪；男性去情人家時，另一個男人的前腳才剛離開。只不過那種事情並不會大聲張揚，不會開誠布公。平安時代也是同樣的狀況，專情只愛一位女性的男人似乎會被認為「認真過頭好無趣」而輕視。但搶奪他人的妻子會被認為是違反社會規範，成為眾矢之的。

在鎌倉時代御成敗式目（註）的第三十四條規範了外遇私通的相關罰則。犯下外遇私通，除了要沒收一半的領地之外，還會被罷免職務，是武家文化當中相當嚴峻的處罰。御成敗式目歷經戰國、江戶時代成為武家法的基礎。

註：於鎌倉時代所制定的武士政權法律。

在江戶時代規定：「丈夫若殺死私通男女，毋庸置疑無罪釋放」。被外遇的丈夫可以將外遇妻子跟姘夫疊在一起切成四塊。但實際上以金錢和解的情況多，姘夫的公定價為五兩，也有人說江戶時代後期高漲到七兩二分。相對於此，並沒有明確的法律規範庶民的性風俗習慣，在江戶時代之前，跟配偶以外的人發生性關係並不稀奇。以姘夫為題材的通俗小說與相聲也多。

明治時代之後，社會雖然允許已婚男性納未婚女性為妾，但不允許已婚女性出軌。已婚女性若涉及外遇時，在一九四七年新民法訂定前，外遇女性與其對象會被處以通姦罪。

「外遇（註）」本來的意思是指「偏離倫理的行為」，並不只限定於戀愛上頭。就我的印象，這個詞彙最初被用在已婚者的戀愛是在一九八三年的電視劇《給星期五的妻子們》。在那之前，有夫之婦的

註：原文為「不倫」。

戀愛在三島由紀夫的小說《美德的徘徊》當中被稱為「徘徊」。

有別於往昔有夫之婦被誘惑、被動應和的劇情，《給星期五的妻子們》是有夫之婦依據自己的意思戀愛，具有劃時代的意義。社會處於泡沫經濟的前夕，景氣正好，八〇年代被認為是「女性的時代」，也是女性光輝閃耀的時代。

進入九〇年代之後，「無性婚姻」一詞從美國傳入，夫妻之間沒有性生活逐漸被視為問題。於此時期，渡邊淳一的小說《失樂園》熱賣。二〇〇〇年後，隨著行動電話等通訊工具普及，雙方皆為已婚者的外遇型態逐漸增加。

雷曼兄弟破產以後，男性們自泡沫經濟崩潰以來，喪失自信的情況更加嚴重，同世代之間的外遇變成主流。現在的年輕女性理性地盤算，覺得「外遇的CP值低，不想吃虧」，傾向於不外遇。而男性們也是，比起想要跟年輕女性走在一起的欲望，「想被療癒」的心情相對強烈，愈來愈多人追求跟同世代的已婚女性戀愛。

外遇的心理

為什麼明明已經結婚，卻還想要在外面談戀愛呢？

婚姻生活是長久持續的「平淡無奇的日常」。當然，婚姻生活安穩最好。因為家庭是避風港，也是生活的基礎。

只是，原本彼此是陌生人的男女，無論是否有孩子，一旦長時間住在一起，就會從「情人」變成「家人」。家人間沒有戀愛情感是正常的，不如說根本不需要。隨著相處的時間愈長，重要的家人會變成「理所當然的存在」。惰性跟習慣的出現是不可避免的。

換句話說，家庭不需要「戀愛情感」跟「性愛」。只要有家人之間的愛跟習慣，家庭就可以順利運作。夫妻不需要如「男女關係」那般彼此猜心、費盡心思。

但在某個時候，人會突然發覺：「我身為女人（男人），這樣下去好嗎？有什麼是想要做，卻還沒去做的？我這樣幸福嗎？」

然後，一旦跟覺得不錯的異性邂逅，大腦中很久沒運作的「感知戀愛情感」部位的開關就突然被開啟了。當人們品嘗久違的戀愛滋味，撲通撲通跳的緊張心情，彷彿重返年少。戀愛會讓大人變成孩子。而且，確保了歸宿的戀愛不可能談得不開心。應該也有的人會說那樣很狡猾吧。也有人說，想要談新戀情的話，離婚再結婚不就好了。但外遇時，雙方各有無法離婚的苦衷，而且心知肚明，即便再婚，也有可能再次變成「平淡無奇的日常」。他們不認為結婚之後還能繼續保持戀愛關係，因此，原封不動地維持「戀愛」關係的想法隨之而生。我總覺得，外遇並不是善惡與否的問題。

對所有的人類而言，戀愛並非不可或缺。不想談戀愛，也不想結婚的話，不去做也無妨。但是，確實有人覺得已婚就不想要外遇，或者是覺得不應該外遇卻落入情網。有很多例子就連當事人都覺得「自己竟然外遇」而備受打擊。

在此想介紹幾個墜入婚外情的實際例子。

我曾經收到一位接近八十歲的女性寫來的信。她跟近鄰的八十多歲男性相戀。雙方都有配偶，兩人偶爾會一起到離家很遠的愛情賓館。

「即使睡在一起，他那裡也已經硬不起來了。但是，當我吸吮著他那個再怎麼努力也弄不硬的東西時，是我最幸福的時刻。」

她跟丈夫是相親結婚，不但服侍著蠻橫的丈夫，還跟公婆同住，一直照料他們到老死。丈夫霸王硬上弓的性愛讓她從未感到愉悅。即便如此，因為想讓孩子們上大學而忍住不離婚。其實，她本來就覺得一旦結婚，就不應該離婚。「其實我從來沒想過會跟他談戀愛。我知道這是不應該的。但我跟他也沒剩幾年壽命了。如果不及時行動的話，我應該會後悔到死，便回應了他對我的愛。」

我讀著她的信，不自覺地流下眼淚。作為女人，雖然她的人生可能絕對不是幸福的，而她毫無怨言地完成了自己應該履行的義務，在人生的最後跟打從心底愛的人邂逅。雖然到了這樣的年齡才初嘗戀愛滋味，但誰也沒有資格責備她吧。

而我也認識這樣的男性。結婚二十五年，現在五十多歲，孩子們也都成年了，但長久的婚姻生活從不覺得跟妻子心有靈犀。妻子有點依賴娘家，比起丈夫，更多時候是跟自己的父母商量事情，因此他總感到寂寞。自從老么出生之後，求歡都被妻子拒絕，也曾經跟好幾位女性有過一夜情，但內心從未被滿足。

他邁入五十歲時，捲入公司的派系鬥爭，從權力核心被放逐出去。悔恨不已的心情使他精神狀態不太穩定，忍不住向妻子發了牢騷。他從來沒跟妻子講過公司的事情，想必當時的心情應該相當低落吧。

「妻子這樣回我：『如果你對公司來說是非常重要的人才，根本不會被降職吧。』我打從心裡對妻子感到失望，很後悔跟她結婚。」

他後來在常去的酒吧認識一位已婚女性，並墜入情網。他們彼此都對夫妻關係感到失望，只要兩個人在一起就覺得很快樂。他也想過離婚然後跟對方結婚，但因為對方跟父母同住，不想讓把丈夫當作是自己兒子的父母親傷心，因此無法離婚。

他們的關係超過了五年。對他們而言，兩個人共度的時光等同於

「人生的寶物」。當然，他跟妻子還是過著平穩的生活，即使同床異夢，日子還是照過。聽了他的故事，讓我不禁暗自祈禱他們兩人的關係可以不被發現持續下去。

誰都可能外遇

無論是誰，大家都抱著自己內心的黑暗面活著。光是抵抗內心的黑暗就夠辛苦了。沒有人能夠一輩子都一帆風順吧。

每個人的內心經常有著「婚外情」能夠閃身而入的空隙。因為戀愛可以說是各種人際關係當中最為親密的關係。朋友或家人都無法滿足的「內心的黑暗面」或「內心的空缺」，透過戀愛便可以獲得滿足。當跟身心靈都契合的人邂逅時，會讓那個人宛如重新活了過來。即便是外遇，戀愛確實擁有如此強大的力量。

經常有人問我，什麼樣的人容易外遇，但我總是回答，誰都可能外遇。我實際在跑採訪時，有碰過本來就很容易陷入戀愛的人，也有一開始覺得絕對不應該外遇的人。有位男性他的父親外遇，從小看著母親哭泣的背影長大，因此下定決心自己絕對不可以外遇。但是他也談著婚外情。他說他無法原諒自己，看起來卻沒有要跟外遇對象分手的跡象。外遇不會遺傳，看來是身處的環境與邂逅的時機點，提高了發展成戀愛關係的可能性。

詢問外遇的人們，他們幾乎都異口同聲說：「如果是在單身的時候遇見對方的話，應該不會跟對方談戀愛」。人們搞不好會在「那個時間點」跟「那個人」相遇也說不定。如果是這樣的話，外遇是不是無法避免的命運呢？

有位女性發現丈夫外遇大發雷霆，要求離婚，但最後因為丈夫由衷道歉，兩人重修舊好。然而，在那之後她也跟其他人墜入了情網。

「我自己談了戀愛才知道，即便並沒有想要背叛配偶的意思，但戀愛就是悄悄地上門。結婚跟戀愛是兩回事。」

她說得輕描淡寫，讓我忍不住笑了出來，的確戀愛就是這麼一回事。結婚跟戀愛是不同的，這樣的話從女性的口中說出來，讓我感受到外遇的型態真的改變了。

過去普遍認為，相對於男性，女性對戀愛的態度認真，因此結婚之後無法跟其他異性發生關係。但並非如此。現在的女性將結婚跟戀愛完全區分開來。所以已婚者之間的戀愛才得以成立。

另一個改變是：女性逐漸不再忍耐。因此，離婚率跟過去相比提高了。基於同樣理由，外遇也增加了。只不過，不再忍耐的女性的陣營也包括了妻子。

這幾年來，妻子向丈夫的外遇對象求償的例子引人注目。有位女性某天突然接到外遇對象妻子的電話，在談過很多次之後，她被對方叫出來直接談判。

那位外遇的女性說：「我跟他這十年來每星期都會碰面。彼此都沒考慮要離婚，但有談到如果老了之後，希望可以共度餘生。他說他對太太一點愛也沒有。但他的太太卻對我說：『我老公說他最愛的人是我，我們昨天還翻雲覆雨了喔。』她可能覺得那樣說可以傷害我吧。然後她威脅我，說要跟我先生告狀。結果，隔週我拿了一百萬私房錢給她。她立刻就帶我去做公證，製作一份正式的切結書，上面載明如果再跟她的先生見面，必須再支付兩百萬。我迫於無奈只好簽名。」

之後還被強迫下跪磕頭，她無法拒絕。

這是近來外遇常見的結果。無論是外遇的那方，還是被外遇的那方都不再忍耐了。當然，男性被外遇對象的丈夫威脅的例子也時有所聞。一旦外遇露餡，就會互丟泥巴，陷入泥沼。

人為什麼外遇？

即便知道有風險，人們還是會外遇。若去思考人為什麼外遇，除了前面那位女性所說的「因為結婚跟戀愛是兩回事」之外，「因為世界上有男人跟女人」，我想除此之外沒有別的了。

男人女人只要在一起，就有可能發生關係。無論是否有工作，現在的女性們有很多機會在外拋頭露面。結識男性的機會相較於上一代也多出很多。這個世上只有男人跟女人，因此彼此有好感的話，不分年齡都有可能發展出戀愛關係。不再需要壓抑自己的心情，這正是現代社會的特徵之一吧。

結婚是為了「建立家庭」，而不是「延長戀愛」。婚後男女雙方作為家人珍惜彼此，但卻沒有戀愛情感，那遲早會湧現想要戀愛的欲望，那一點也不奇怪。即便本人沒有意識到，心底依舊潛藏著這種永無止境的渴望，因此只要一出現契機就會外遇。一旦愛火被點燃，不會有人預先設想結局或分手。無論單身者或外遇者的戀愛都是如此。

我自己本身不肯定、也不否定外遇。但外遇是「實際存在的現象」。

於本書的最後，容我由衷感謝在執筆過程中全力襄助的編輯石塚理惠子，並向閱讀本書的您致上最深的謝意。

文化驛站 11

外遇的理由

作　者　龜山早苗
譯　者　謝敏怡

特約編輯　李家騏
行銷企畫　顧克琹
封面設計　mongoose
內頁編排　柳橋工作室

發行人　顧忠華
出　版　沐風文化出版有限公司
地址：10076 台北市泉州街 9 號 3 樓
電話：（02）2301-6364
傳真：（02）2301-9641
讀者信箱：mufonebooks@gmail.com
沐風文化粉絲頁：https://www.facebook.com/mufonebooks
總經銷　紅螞蟻圖書有限公司
地址：114 台北市內湖區舊宗路 2 段 121 巷 19 號
電話：（02）2795-3656　傳真：（02）2795-4100
Email：red0511@ms51.hinet.net
印　製　龍虎電腦排版股份有限公司
初版一刷　2017 年 8 月

ISBN: 978-986-94109-6-0（平裝）
Printed in Taiwan
定價：　320　元

國家圖書館出版品預行編目（CIP）資料

外遇的理由 / 龜山早苗作；謝敏怡譯 . -- 初版 . -- 臺北市：沐風文化，2017.08
面；　公分 . --（文化驛站；11）
譯自：人はなぜ不倫をするのか
ISBN 978-986-94109-6-0（平裝）

1. 夫妻 2. 外遇 3. 兩性關係

544.382　　106011897